Elisabeth
Lukas

Für dich

Heilende Geschichten der Liebe

Kösel

Die Zeichnungen in diesem Buch stammen von Thomas Reich, Deisenhofen.

ISBN 3-466-36620-8

Druck und Bindung: Kösel, Kempten
Umschlag: Kaselow-Design, München
Umschlagmotiv: Thomas Reich, Deisenhofen

Gedruckt auf umweltfreundlich hergestelltem Werkdruckpapier
(säurefrei und chlorfrei gebleicht)

Man wird wieder
aus Himmel und Sternen
Bilder machen
und die Spinnweben
alter Märchen
auf offene Wunden legen.

(Christian Morgenstern)

Inhalt

Viktor E. Frankl und die Liebe

Sigmund Freud, der Altvater der Psychotherapie, hat seinerzeit zwei Therapieziele definiert, die es bei der Arbeit mit psychisch kranken Menschen zu erreichen gilt. Die Patienten sollten nach Möglichkeit

1) ihre Genussfähigkeit und
2) ihre Arbeitsfähigkeit

wieder erlangen. Wenn dies glücke, seien sie gesundet bzw. ins normale Leben zurückgeführt.

Viktor E. Frankl, der einstige Schüler und spätere große Kritiker Sigmund Freuds, hat eines der beiden Therapieziele modifiziert und ein weiteres hinzugefügt. Seiner Ansicht nach sollten psychisch kranke Menschen

1) (statt der Genussfähigkeit) ihre Liebesfähigkeit,
2) ihre Arbeitsfähigkeit und
3) (zusätzlich) ihre Leidensfähigkeit

wieder erlangen. Diese drei Fähigkeiten kämen einer Grundausstattung gelingenden Lebens gleich, wobei am ehesten noch bei der Arbeitsfähigkeit Abstriche gemacht werden könnten, ohne dass ein Misslingen zwingend angesagt sei. Die Liebes- und Leidensfähigkeit aber seien nicht nur auf seltsame Weise miteinander verquickt, sondern bildeten auch die Basis unseres Menschentums schlechthin. Ohne das eine wie das andere würden wir zum tierischen Erbe aus unseren Genen degenerieren.

Viktor E. Frankl hat das Wort »Genussfähigkeit« bewusst in das Wort »Liebesfähigkeit« umgewandelt. Denn während Sigmund Freud bei seiner Wortwahl in Richtung sexuellen Genusses dachte, ging es Viktor E. Frankl um einen existenziellen Akt, nämlich um die innige geistige Verbundenheit von Menschen, die füreinander das Beste wünschen und hoffen. Hatte Sigmund Freud das »befriedigte Ich« im Auge, so meinte Viktor E. Frankl das »wertgeschätzte Du«, dem sich ein Ich liebevoll zuneigt.

Freilich wusste auch Viktor E. Frankl, dass es Beziehungen zwischen Mann und Frau auf verschiedenen Ebenen gibt. Es ist nicht zu leugnen, dass manche Beziehungen durch ein rein sexuelles Interesse am Geschlechtspartner und an dessen äußerer Attraktivität in Gang kommen und bleiben. Jedermann versteht zum Beispiel, dass sich ein Kinoheld wie James Bond gelegentlich in den Betten wohlproportionierter Agentinnen von seinen weltrettenden Strapazen ausruhen muss. Und dass sich die Damen durch seine Gunst sogar geehrt fühlen ...

In der Realität ist die rein sexuelle Beziehung eher geschmacklos, das heißt, sie schmeckt buchstäblich ziemlich schal. Die meisten Menschen sehnen sich zumindest nach ein bisschen Verliebtheit. Sie interessieren sich für die Eigenschaften und die seelische Ausstrahlung des anderen und lassen sich emotional davon stimulieren. Allerdings ist der Partner oder die Partnerin in diesem Beziehungsgeflecht austauschbar durch jemanden mit ähnlichen Eigenschaften und ähnlicher Ausstrahlung. Man verliebt sich in einen »Typus« und nicht in eine einzigartige, einmalige Person.

Erst die echte, wahre Liebe dringt zur personalen Besonderheit eines anderen Menschen vor und wird dessen unvergleichlichen Wesens gewahr. Sie erkennt sein Innerstes, sein Verborgenstes und – knospenhaft – sein Schönstes.

Zitat von
Viktor E. Frankl[1]

> Der in diesem Sinne Liebende ist auch seinerseits nicht mehr in der eigenen Körperlichkeit erregt oder in der eigenen Emotionalität angeregt, sondern in seiner geistigen Tiefe berührt, berührt vom geistigen Träger der Körperlichkeit und des Seelischen seines Partners, von dessen personalem Kern. Liebe ist dann das direkte Eingestelltsein auf die geistige Person des geliebten Menschen ... Während dem sexuell Eingestellten oder dem Verliebten ein körperliches Merkmal oder eine seelische Eigenschaft »am« Partner gefällt, also irgendetwas, was dieser Mensch »hat«, liebt der Liebende nicht bloß etwas »am« geliebten Menschen, sondern eben ihn selbst; also nicht etwas, was der geliebte Mensch »hat«, sondern eben das, was er »ist«.

Anhand obigen Textes kann der Unterschied zwischen den Auffassungen Sigmund Freuds und Viktor E. Frankls deutlich herausgearbeitet werden. Sigmund Freud bezeichnete den Zustand der Verliebtheit als eine Form »zielgehemmter Strebung«. Mit »gehemmt« meinte er: gehemmt auf dem Weg zur genussvollen sexuellen Vereinigung. Viktor E. Frankl hätte die Definition der Verliebtheit als eine Form »zielgehemmter Strebung« bejaht, doch das Hemmnis umgekehrt lokalisiert. Ihm zufolge läge das Hemmnis auf dem Weg zur echten, wahren Liebe.

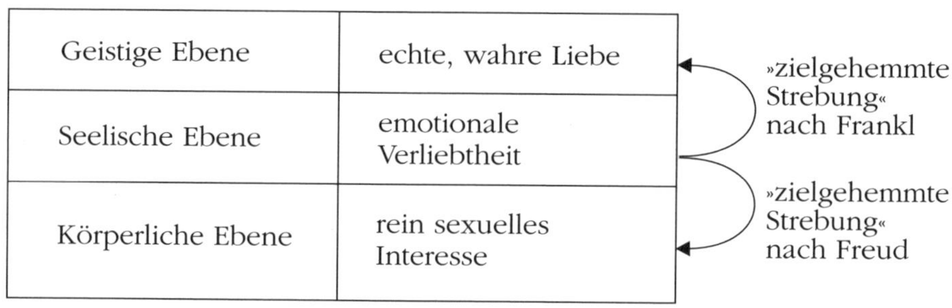

Der Zustand der Verliebtheit soll hier nicht abqualifiziert werden. Er scheint ein wichtiges Übergangsstadium im Rahmen von Entwicklungsprozessen darzustellen, seien es individuelle (etwa postpubertäre), seien es gemeinsame (sozusagen koevolutionäre). Ein langfristiges Verharren in diesem Zustand ist jedoch problematisch, weil es durch die Abhängigkeit von dem, was der andere »hat« (noch »hat« oder schon nicht mehr »hat«?), die stärksten Stützpfeiler guter Partnerschaften unterhöhlt: *die Unaustauschbarkeit des Liebespartners und die Dauerhaftigkeit der Liebesbeziehung.* Unendlich viel Leid resultiert daraus in den Familien, nicht zuletzt für die junge Generation; und auch die emanzipiertesten und fortschrittlichsten Leute haben kein wirkungsvolles Rezept dagegen. Es ist deshalb nicht nur eine therapeutische, sondern eine allgemein-pädagogische Aufgabe unserer Zeit, mitzuhelfen, dass über die Stadien rein sexuellen Interesses und bloßer Verliebtheit hinaus zur Liebesfähigkeit herangewachsen wird. Wo immer dies geschieht, werden Treue (= Unaustauschbarkeit des Liebespartners) und Beständigkeit (= Dauerhaftigkeit der Liebesbeziehung) möglich, und ein gesundes Sexualleben ergibt sich – unter normalen Bedingungen – von selbst.

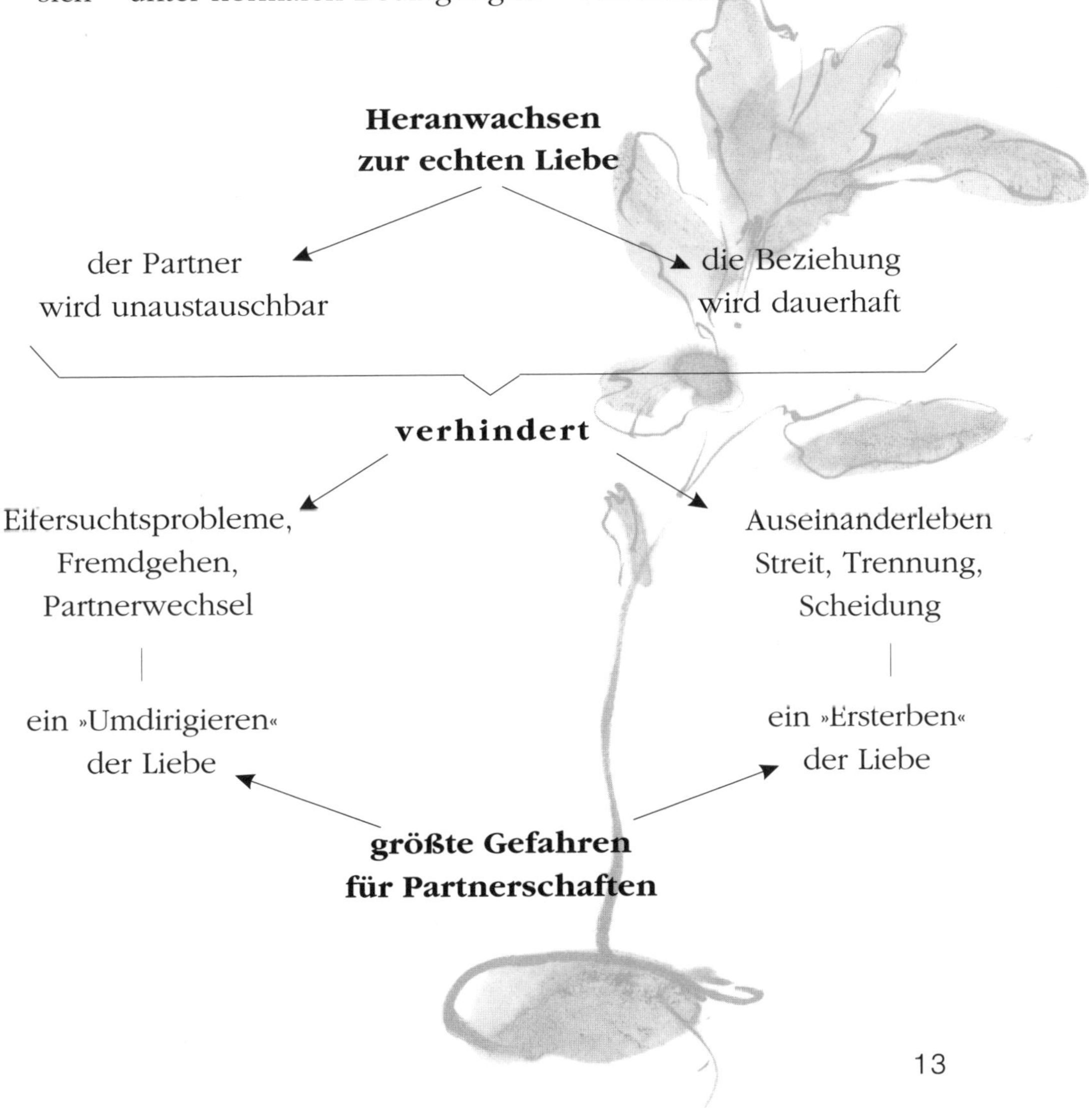

Wir müssen also wieder »lieben lernen«, und zwar in einem umfassenden Sinne. Wer nicht liebt, sich nicht und andere nicht, scheitert früher oder später. Wer scheitert, hat irgendwann einmal zu wenig geliebt. Als Psychotherapeutin mit 30-jähriger Praxiserfahrung kann ich diese Quer-Zusammenhänge nur bestätigen. Häufig höre ich Äußerungen meiner Patienten, die beweisen, wie eingeschränkt ihre Liebesfähigkeit ist, welch unreifen Vorstadien sie entspricht. In diesen Fällen nehme ich mir viel Zeit, um mit ihnen die echte Liebe zu entdecken. Sie staunen und reifen ...

Beispiele von Patientenäußerungen, die für unreife Vorstadien der Liebe charakteristisch sind[2]

Beispiel Nr. 1:

»Ich würde ja gerne heiraten, aber es müsste die Richtige sein. Sie dürfte nicht zu temperamentvoll sein, weil mein Alltag sonst zu unruhig würde, aber auch nicht zu fad, denn langweilen kann ich mich allein auch. Sie müsste hübsch sein, aber nicht so hübsch, dass sich alle Männer den Kopf nach ihr verdrehen ...«

(Äußerung eines 40-jährigen Mannes, der regelmäßig ins Bordell geht und noch nie eine tiefgreifende Liebesbeziehung zu einer Frau gehabt hat.)

Beispiel Nr. 2:

»Ach, ich gebe monatlich 100.- Euro für Kosmetik aus, ich gehe auf Sportplätze und Tanzfeste, die mich überhaupt nicht interessieren, nur um einen Freund zu finden. In der Zeitung habe ich annonciert, aber es klappt nie. Ich habe höchstens flüchtige Bekanntschaften, die immer auf die gleiche Weise enden. Dabei bin ich nicht hässlicher als andere. Woran kann es nur liegen?«

(Äußerung einer 25–jährigen Frau, die schon ca. 12 Kurzpartnerschaften hinter sich gebracht hat, und dazu zwei Abtreibungen als Folgen dieser Bekanntschaften.)

Beispiel Nr. 3:

»Nachdem die Kinder auf der Welt waren, hat sich meine Frau mir mehr und mehr verweigert, weswegen ich mir mein Recht woanders genommen habe. Da darf sie sich jetzt nicht beklagen; außerdem sorge ich gut für sie und die Kinder. Was will sie mehr?«

(Äußerung eines erfolgreichen Unternehmers, der Vater von vier Kindern und Liebhaber ständig wechselnder Freundinnen ist. Seine Frau erwägt, die Scheidung einzureichen.)

Beispiel Nr. 4:

»Ich habe zwar einen Kinderwunsch, aber was Männer anbelangt, bin ich ein gebranntes Kind. Die Männer sind doch alle gleich: Erst verwöhnen sie einen mit Geschenken, und wenn man nachgibt, dann soll man sie ein Leben lang bedienen. Nein, da lob' ich mir meine Freiheit!«

(Äußerung einer jungen Frau, die fünf Jahre lang in eheähnlicher Gemeinschaft gelebt hat, welche kinderlos geblieben und zerbrochen ist. Sie hat einen Nervenzusammenbruch erlitten und lebt seither allein.)

Betrachten wir diese Patientenaussagen in Hinblick auf darin enthaltene Liebeseinstellungen. Wir merken: Alle vier spielen sich ausschließlich unter dem Horizont des Habens und Habenwollens ab.

Analyse der Patientenäußerungen und dazupassende Wachstumsimpulse

Beispiel Nr. 1:

Dieser Mann setzt für eine Eheschließung bestenfalls Verliebtheit voraus, nämlich dass ihm die Charaktereigenschaften einer Partnerin gefallen. Sie soll an sich »haben«, was er braucht. Sie soll es für ihn »haben«. Da aber alles Haben verlierbar ist, getraut er sich nicht, sich zu binden. Seine Unverbindlichkeit drückt sich folgerichtig im Aufsuchen von Prostituierten aus. Dabei begegnen sich die Partner auf gleicher Stufe. Die Frauen wollen Geld »haben«, er will sexuelle Befriedigung »haben« – man trifft sich auf der Habensebene und geht wieder auseinander.

Ein Wachstumsimpuls für ihn wäre, sich aktiv und uneigennützig in einen Kreis von Personen einzubringen, den ein gemeinsames Hobby oder Anliegen verbindet. Dort könnte er sich vielleicht über die Habensebene erheben.

Beispiel Nr. 3:

Auch dieser Mann hat eine ähnliche Haltung entwickelt. Trotzdem befindet er sich in einer unterschiedlichen Lebenssituation. Er ist verheiratet und Vater von vier Kindern. Während man dem Mann aus Beispiel Nr. 1 eher abraten würde zu heiraten, steht man bei dem Unternehmer vor der misslichen Tatsache, dass seine Ehe in die Brüche zu gehen droht. Die Zeit für einen Einstellungswandel bei ihm drängt.

Als Wachstumsimpuls wäre ihm aufzuzeigen, dass gerade seine Einstellung: »Was ich zu Hause nicht bekomme, hole ich mir woanders« offenbart, wie austauschbar seine Frau für ihn ist und wie wenig er sich ihrer Einzigartigkeit und Besonderheit bewusst ist. (Wir dürfen sogar vermuten, dass sich seine Frau ihm genau deswegen entzogen hat, weil sie gespürt hat, dass sein Begehren nicht *sie* meinte, sondern *ihn*; nicht Ausdruck echter Liebe war, sondern Drang nach Lustgewinn. Ihr Nein galt seiner »Selbstbefriedigung an ihr«.)

Somit wäre seine Ehe nur zu retten, wenn er seiner Frau mit neuer Achtung entgegenträte und in ihr die wertvolle und für die Familie unersetzliche Person zu sehen bereit wäre, die sie ist.

Beispiele Nr. 2 und Nr. 4:

Beide Frauen sind unglücklich.

Die eine, weil sie eine Partnerschaft überbewertet und verkrampft zustande bringen will. Und zwar dadurch, dass sie ihre Individualität aufgibt und sich – kosmetisch wie verhaltensmäßig – einem »Typus« angleicht: dem »Typ der begehrten Frau« (bzw. was sie dafür hält). Sie versteckt ihre eigene Wesensart und damit ihr eigene Liebens-Würdigkeit, was sie ständig gekünstelt wirken lässt und potenzielle Freunde verscheucht. Die andere Frau ist unglücklich, weil sie eine Partnerschaft entwertet und sich in den Mauern ihrer Verbitterung festzementiert. Und zwar dadurch, dass sie die Individualität potenzieller Freunde negiert und alle Männer einem kollektiven »Typus« zurechnet: dem »Typ des selbstherrlichen Mannes«, was ihnen von vornherein jegliche Liebens-Würdigkeit aberkennt. Als Wachstumsimpuls wäre beiden Frauen nahe zu legen, Verkrampfung und Verbitterung zu überwinden und Individualität zu respektieren – eigene wie fremde.

Wir müssen also wieder »lieben lernen«. Nach Viktor E. Frankl erschaut die echte, wahre Liebe den einzigartigen Wesenskern der geliebten Person, ihr Wertbild, das »Wunder«, das sich in ihr inkarniert. Das Erschauen von »Wunder«-barem kann nur bereichern und beglücken. Jenseits des Haben-Wollens gibt es keinen Liebeskummer. Jenseits des Haben-Wollens wohnt auch kein Abschiedsschmerz. Nein, das Jenseits des Haben-Wollens ist fast identisch mit einem Jenseits des Todes.

Aus dem KZ-Bericht von Viktor E. Frankl[3]

Vor mir stürzt ein Kamerad, die hinter ihm Marschierenden kommen dadurch zu Fall. Schon ist der Posten zur Stelle und drischt auf sie ein. Für wenige Sekunden ist mein betrachtendes Leben unterbrochen. Aber im Nu schwingt sich meine Seele wieder auf, rettet sich wieder aus dem Diesseits der Häftlingsexistenz in ein Jenseits und nimmt wieder die Zwiesprache auf mit dem geliebten Wesen: Ich frage – sie antwortet; sie fragt – ich antworte. »Halt!« Wir sind an der Baustelle angelangt. »Jeder holt sein Gerät – jeder nimmt einen Pickel und eine Schaufel!« Und jeder stürzt in die stockfinstere Hütte hinein, um nur ja einen handlichen Spaten oder einen festen Krampen zu erwischen. »Wollt ihr nicht rascher machen, ihr Schweinehunde?« Bald stehen wir im Graben, jeder an seinem Platz von gestern. Der vereiste Boden splittert unter der Spitze der Hacke, Funken stieben. Noch tauen die Gehirne nicht auf, noch schweigen die Kameraden. Und noch haftet mein Geist an dem Bild des geliebten Menschen. Noch spre-

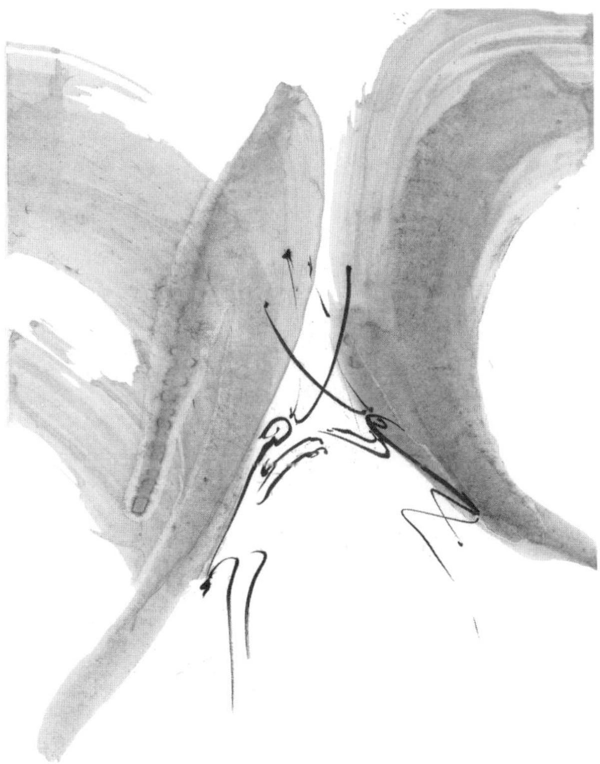

che ich mit ihm, noch spricht er mit mir. Da fällt mir etwas auf: Ich weiß ja gar nicht, ob meine Frau noch lebt! Da weiß ich eines – jetzt habe ich es gelernt: So wenig meint Liebe die körperliche Existenz eines Menschen, so sehr meint sie zutiefst das geistige Wesen des geliebten Menschen, sein »So-Sein« (wie es die Philosophen nennen), dass sein »Dasein«, sein Hier-bei-mir-sein, ja seine körperliche Existenz überhaupt, sein Am-Leben-sein, irgendwie gar nicht mehr zur Diskussion steht. Ob der geliebte Mensch noch lebt oder nicht: ich weiß es nicht, ich kann es nicht wissen (während der ganzen Lagerhaft gab es ja weder Briefschreiben noch Postempfang); aber in diesem Augenblick ist es irgendwie gegenstandslos geworden. Ob der geliebte Mensch lebt oder nicht – irgendwie brauche ich es jetzt gar nicht zu wissen: meine Liebe, dem liebenden Gedenken, der liebenden Schau seiner geistigen Gestalt, kann das alles nichts mehr anhaben. Wenn ich damals gewusst hätte, meine Frau ist tot, ich glaube, ich hätte ungestört durch dieses Wissen innerlich genauso hingegeben sein können an diese liebende Schau; diese geistige Zwiesprache wäre genau so intensiv gewesen und genau so erfüllend. So weiß ich in diesem Augenblick um die Wahrheit: »Setze mich wie ein Siegel auf dein Herz ... Denn Liebe ist stark wie der Tod.« (Das Hohelied, VIII, 6.)

Dieser Liebe, »stark wie der Tod« (oder noch stärker?), ist das vorliegende Buch gewidmet. Wir wollen ihr nachspüren – in Geschichten und Märchen, Gleichnissen und Weisheitssprüchen, Fallbeispielen und Dokumentationen. Wir wollen erfahren, wie viel Seligkeit und Leidensfähigkeit sie uns gewährt. Wir wollen staunen und reifen ...

Ein prachtvolles Team

Die partnerschaftliche Beziehung, von der bisher die Rede war, ist ein Teamwork. In Oscar Wildes Erzählung vom »Glücklichen Prinzen« und dem kleinen Schwälberich finden wir dafür ein ideales Modell. Die beiden Figuren stehen für das Ungeheure, das die Liebe zustande bringt: sich selbst zu verschenken. Doch Vorsicht: In der Psychopathologie ist hinlänglich bekannt, welch verbogene Aufopferungstendenzen bei Menschen vorkommen. Manche verschenken sich zur Unzeit, an die falschen Personen, aus den verrücktesten Motiven, überflüssigerweise oder gar in masochistischer Manier. Manche wollen mit ihren Geschenken Beachtung und Zuwendung erkaufen, ihr Sozialprestige aufpolieren oder den Beschenkten deren Hilflosigkeit demonstrieren. Oscar Wildes Erzählung ist frei von all diesem Unsinn. Der Prinz und der Vogel geben sich einzig dort zum Geschenk, wo es sinnvoll ist.

Das erfordert ein korrektes »Sehen«, ein genaues »Ausspähen«, welches in der Erzählung seinen zentralen Platz hat. Selbst der erblindete Prinz »sieht« bestens, nicht nur mittels der Augen seines kleinen Freundes, sondern mittels der Antennen seines bleiernen Herzens. Ferner ist eben häufig ein Teamwork vonnöten. Einer allein würde es kaum schaffen, den berühmten Tropfen auf den heißen Stein zu platzieren. Vereint geht es leichter. Der eine hat das Gold, der andere hat die Flügel, es zu transportieren usf. Was aber schmiedet die Teampartner zusammen?

Jetzt sind wir bei der Message angelangt. Die Liebe wird nur dann nach »außen« fruchtbar, wenn sie zuvor nach »innen« fruchtbar geworden ist. Ein Lehrer kann seinen Schülern keinen Kooperationsgeist vermitteln, wenn er mit seinem Kollegium zerstritten ist. Ein Priester kann seine Gemeinde nicht in Toleranz einüben, wenn er sein Amt mit herber Strenge ausübt. Ein Politiker kann keine Korruption eindämmen, wenn er bestechlich ist. Vater und Mutter können ihre Kinder nicht zur Ehrfurcht vor der Natur erziehen, wenn sie die alten Autoreifen im Wald deponieren ...

In Oscar Wildes Erzählung wird klar: Das Ungeheure der Liebe bringen nur wahrhaft Liebende zustande. Aus ihrer Authentizität schöpfen sie die Kraft für die gemeinsame Aufgabe. Und mehr brauchen sie nicht dazu. Keinen Dank, keine Anerkennung ihrer Leistung, keinen Beifall der Mitmenschen, nicht einmal eine Zukunftsperspektive! Ja, würfe man sie auf einen Kehrichthaufen, würde die Saat ihrer Liebe dennoch unbeschadet aufgehen.

Der Glückliche Prinzip[4]

(Text gekürzt)

Hoch über der Stadt stand auf einer mächtigen Säule die Statue des Glücklichen Prinzen. Sie war über und über mit Goldplättchen bedeckt, statt der Augen hatte sie zwei glänzende Saphire, und ein großer roter Rubin leuchtete auf ihrer Schwertscheide.

Alle bewunderten ihn sehr. »Ich bin froh, dass es wenigstens einen gibt, der in dieser Welt ganz glücklich ist«, sagte leise ein Enttäuschter mit Blick auf das wundervolle Standbild. »Er sieht aus wie ein Engel«, sagten die Waisenkinder, als sie aus der Kathedrale kamen. »Wie könnt ihr das wissen?«, fragte der Mathematiklehrer. »Ihr habt doch nie einen gesehen.« »Oh doch, im Traum«, antworteten die Kinder, und der Mathematiklehrer runzelte die Stirn, denn er billigte Kinderträume nicht.

Da flog eines Nachts ein kleiner Schwälberich über die Stadt. Er sah das Standbild auf der hohen Säule. »Hier will ich absteigen«, rief er, »es hat eine hübsche Lage und viel frische Luft.« Damit ließ er sich zwischen den Füßen des Glücklichen Prinzen nieder. »Ich habe ein goldenes Schlafzimmer«, sagte er wohlgefällig zu sich selber, während er herumschaute und sich anschickte, schlafen zu gehen; aber gera-

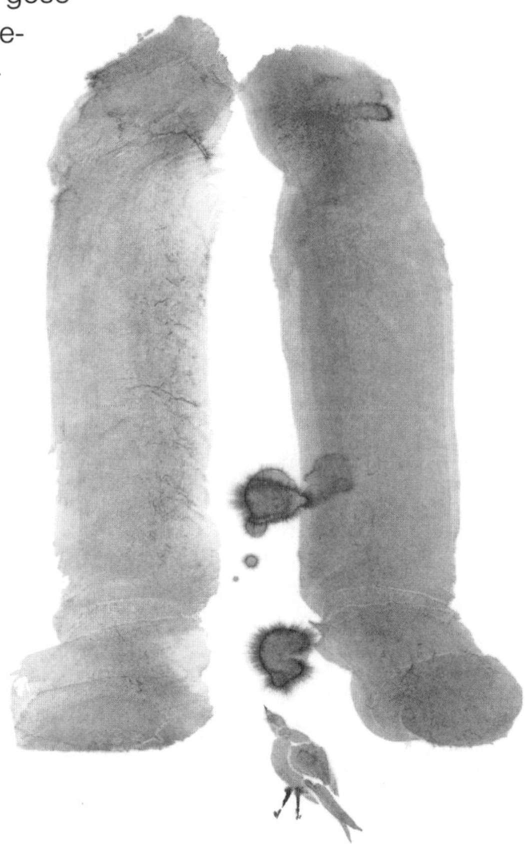

> de, als er seinen Kopf unter einen Flügel stecken wollte, fiel ein großer Regentropfen auf ihn nieder. »Wie sonderbar!«, rief er. »Am Himmel ist nicht das kleinste Wölkchen, die Sterne sind hell und leuchten, und doch regnet es.« Da fiel ein zweiter Tropfen und ein dritter; der Vogel schaute in die Höhe und sah – ja was sah er? Die Augen des Glücklichen Prinzen waren voll Tränen, und Tränen liefen über die goldenen Wangen. Das Gesicht war so schön im Mondlicht, dass den Schwälberich das Mitleid erfasste. »Weshalb weinst du denn?«, fragte er.
>
> »Als ich noch am Leben war und ein Menschenherz hatte«, antwortete das Standbild, »wusste ich nicht, was Tränen sind, denn ich lebte im Palast Ohnesorge ... aber nun, da ich tot bin, haben sie mich hier hinaufgestellt, so hoch, dass ich alle Hässlichkeiten und alles Elend meiner Stadt sehen kann, und auch wenn mein Herz von Blei ist, kann ich nicht anders als weinen.«

An dieser Stelle der Erzählung beginnt das »Sehen« dessen, was eines Liebesopfers wert ist. Dieses Sehen ist nur von »höherer Warte« aus möglich und zieht sich bis zum Schluss der Erzählung durch.

> »Weit fort von hier«, fuhr die Statue mit leiser Stimme fort, »in einer schmalen Gasse steht ein armseliges Haus. Eines der Fenster ist offen, und so sehe ich eine Frau am Tische sitzen. Ihr Gesicht ist mager und verhärmt, und sie hat raue, rote Hände, nadelzerstochen, denn sie ist eine Näherin. In einem Winkel des Zimmers liegt ihr kleiner Junge krank im Bett. Er fiebert. Die Mutter kann ihm nichts geben als Wasser aus dem Fluss. Vogel, kleiner Vogel, willst du ihr nicht den Rubin aus meiner Schwertscheide hinbringen? Meine Füße sind an dem Sockel befestigt, und ich kann mich nicht bewegen.«

»Man erwartet mich in Ägypten«, sagte der Schwälberich. »Vogel, kleiner Vogel«, sagte der Prinz, »willst du nicht diese eine Nacht bei mir bleiben und mein Bote sein?« Der Glückliche Prinz sah so traurig aus, dass es den kleinen Schwälberich bekümmerte. »Es ist sehr kalt hier«, sagte er, »aber ich will trotzdem diese eine Nacht bei dir bleiben und dein Bote sein.« So pickte der Schwälberich aus des Prinzen Schwert den großen Rubin und flog mit ihm weg über die Dächer der Stadt. Endlich erreichte er das armselige Haus, hüpfte hinein ins Zimmer und legte den Rubin auf den Tisch neben den Fingerhut der Frau, die vor Müdigkeit eingeschlafen war. Darauf flog er zurück zu dem Glücklichen Prinzen und erzählte ihm, was er getan. »Merkwürdig«, sagte er, »mir ist mit einem Mal ganz warm geworden, obgleich es so kalt ist.« »Das kommt von deiner guten Tat«, sagte der Prinz. Der kleine Vogel begann darüber nachzudenken und schlief ein.

»Hast du irgendwelche Aufträge für Ägypten?«, rief er am nächsten Tag, »ich reise gerade dahin ab.« »Vogel, kleiner Vogel«, sagte der Prinz, »weit weg über der Stadt sehe ich einen Mann in einer Dachstube. Er versucht ein Schauspiel fertig zu schreiben, aber er kann nicht weiter vor Kälte. Es ist kein Feuer im Ofen, und der Hunger hat ihn ohnmächtig gemacht.« »Soll ich ihm auch einen Rubin bringen?« »Ach! Ich habe keinen Rubin mehr«, sagte der Prinz, »nur meine Augen sind mir noch geblieben. Sie sind aus seltenen Saphiren, die man vor tausend Jahren aus Indien gebracht hat. Picke eines heraus und bringe es ihm. Er wird es an einen Juwelier verkaufen und sich Essen und Feuerung verschaffen und sein Stück beenden.« »Lieber Prinz«, sagte der Schwälberich, »das kann ich nicht tun.« »Vogel, kleiner Vogel«, sagte der Prinz, »tu, wie ich dich heiße.« Also pickte der Schwälberich dem Prinzen das Auge aus und flog zur Dachkammer des Studenten.

Als der Mond aufging, kam er zurück. »Ich komme, dir Lebewohl zu sagen«, rief er. »Vogel, kleiner Vogel«, sagte der Prinz, »willst du nicht noch eine Nacht bei mir bleiben?« »Es ist Winter«, sagte der Schwälberich, »und der kalte Schnee wird bald da sein. In Ägypten scheint die Sonne warm auf die grünen Palmen ...«

»Dort unten auf dem Platz«, sagte der Prinz, »steht ein kleines Streichholzmädel, das hat seine Hölzer in die Gosse fallen lassen, und sie sind verdorben. Ihr Vater wird es schlagen, wenn es kein Geld heimbringt. Pick mir das andere Auge aus und gib es ihr.« »Ich will noch eine Nacht bei dir bleiben«, sagte der Vogel, »aber ich kann dir dein Auge nicht auspicken. Du wärst ja dann ganz blind.« »Vogel, kleiner Vogel«, sagte der Prinz, »tu, wie ich dich heiße.« Also pickte der Schwälberich dem Prinzen auch das andere Auge aus und flog damit weg. Er strich über den Kopf des Mädels und ließ ihm den Edelstein in die Hand gleiten. Darauf kam er zum Prinzen zurück und schlief zu dessen Füßen ein. Am nächsten Tage setzte er sich dem Prinzen auf die Schulter und erzählte ihm, was er in fremden Ländern gesehen hatte.

An dieser Stelle der Erzählung entwickelt sich das prachtvolle Teamwork der beiden »Partner«. Es erwächst aus der zwischen ihnen gewachsenen Zuneigung und eint sie im Leben und im Tod.

»Lieber kleiner Vogel«, sagte der Prinz, »du berichtest von wunderbaren Dingen, aber kein Mysterium ist größer als das Elend. Fliege über meine Stadt und berichte mir, was du darin gesehen hast.« Also flog der Schwälberich über die Stadt und sah die Reichen froh und lustig in ihren schönen Häusern, während die Bettler an den Toren saßen. Unter einem Brückenbogen lagen zwei kleine Buben und hielten sich umschlungen, um

sich aneinander zu wärmen. »Ihr dürft hier nicht liegen«, schrie sie der Wächter an, und so wanderten sie hinaus in den Regen. Der Vogel erzählte dem Prinzen, was er gesehen hatte. »Ich bin mit feinem Gold bedeckt«, sagte der Prinz, »du musst es abnehmen, Blatt für Blatt, und den Armen geben.« Blatt um Blatt des feinen Goldes

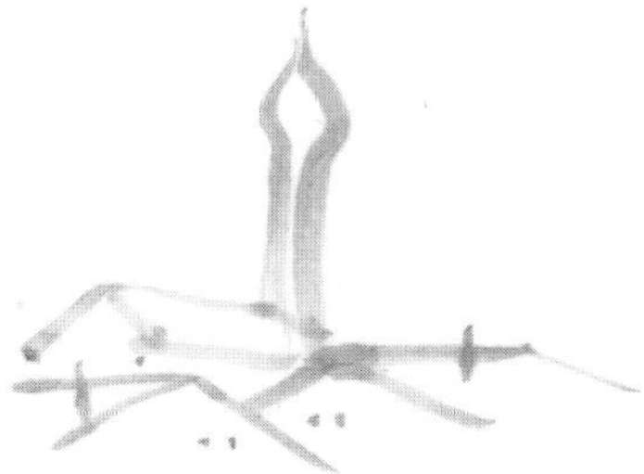

pickte ihm der Vogel ab, bis der Glückliche Prinz ganz grau und düster aussah. Blatt um Blatt des feinen Goldes brachte der Vogel zu den Armen, und die Gesichter der Kinder wurden rosiger, und sie lachten. »Jetzt haben wir Brot!«, riefen sie. Da kam der Schnee, und nach dem Schnee kam der Frost. Dem armen Schwälberich wurde kälter und kälter, aber er wollte den Prinzen nicht verlassen, denn er liebte ihn zu sehr.

Schließlich wusste er, dass er sterben müsse. Er hatte gerade noch so viel Kraft, noch einmal dem Prinzen auf die Schulter zu fliegen. »Leb wohl, guter Prinz!«, sagte er ganz leise. »Darf ich deine Hand küssen?« »Ich freue mich, dass du jetzt nach Ägypten gehst«, sagte der Prinz, »du bist schon zu lange hier geblieben, kleiner Schwälberich. Aber du musst mich auf den Mund küssen, denn ich liebe dich.« »Ich gehe nicht nach Ägypten«, sagte der Schwälberich. »Ich gehe in das Haus des Todes. Der Tod ist der Bruder des Schlafes, nicht wahr?« Und er küsste den Glücklichen Prinzen auf den Mund und fiel tot nieder vor seine Füße. Da tönte aus dem Inneren des Standbildes ein eigentümliches Knacken, gleich als ob etwas zerbrochen wäre. Das bleierne Herz war mitten entzweigeborsten.

Früh am Morgen des nächsten Tages ging der Bürgermeister mit den Stadträten über den Platz. Als sie an der Säule vorbeikamen, schaute er zum Standbild hinauf. »Herrgott, wie schäbig der Glückliche Prinz aussieht!«, sagte er. »Wenig besser als ein Bettler«, sagten die Räte. So wurde das Standbild abgebrochen und die Statue in einem Brennofen geschmolzen. »Wie sonderbar!«, sagte der Werkführer in der Schmelzhütte. »Dieses gebrochene Bleiherz will nicht schmelzen. Wir müssen es wegwerfen, wie es ist.« Man warf es auf einen Kehrichthaufen, auf dem auch die tote Schwalbe lag.

»Bring mir die beiden kostbarsten Dinge in der Stadt«, sagte Gott zu einem seiner Engel; und der Engel brachte ihm das bleierne Herz und den toten Vogel. »Du hast recht gewählt«, sagte Gott, »denn in meinem Paradiesgarten wird dieser kleine Vogel für alle Zeiten singen, und in meiner goldenen Stadt wird der Glückliche Prinz mich lobpreisen.«

»Allzu viel« ist ungesund

Der kritische Leser mag einwenden, dass die obige Erzählung nur deswegen zufriedenstellend ausklingt, weil ihr Ende in den »Himmel« verlegt worden ist. Auf Erden sind beide Figuren gescheitert. Das Standbild hat sich zu sehr seines Schmuckes entblößt, um eine Zier der Stadt zu bleiben. Der Schwälberich hat seinen Ägyptenflug zu lange verschoben, um dem Winter entfliehen zu können. Beide haben *zu viel* gegeben. »Allzu viel ist ungesund«, lautet ein Sprichwort. »Wenn Frauen zu viel lieben«, lautet ein Bestsellertitel. Stimmt es nicht, dass mitunter *zu viel* geliebt wird? Muss man nicht auch an sich selber denken und für sich selber sorgen?

Selbstverständlich muss man dies. Bilder und Gleichnisse hinken immer irgendwie unter der Lupe nüchterner Betrachtung. Versuchen sie doch, ein Geheimnis einzufangen, das sich dem analytischen Verstande entzieht. Trotzdem schildert Oscar Wildes Erzählung keine gescheiterten Existenzen, auch dann nicht, wenn man den »Himmel« weglässt. Sie schildert rundum erfülltes Leben. Im großen Schöpfungspuzzle der Welt saßen die Rubine, Saphire und Goldblätter am unrichtigen Ort. Sie glänzten zwar schön in der Sonne, aber solange Menschen daneben darbten, solange Kinder daneben verhungerten, war ihr Reichtum schiere Vergeudung. Jemand musste sie in die offenen Löcher des Puzzles hineinbefördern, dorthin, wo der nutzlose Reichtum eine bittere Armut ablösen konnte. Das »prachtvolle Team«, das den Jemand in der Erzählung verkörpert, vervollkommnete somit die Schöpfungsgeschichte in einem winzigen Bereich. Wo dergleichen geschieht, erfüllt sich Leben ganz und gar.

Oscar Wilde deutete dies an verschiedenen Stellen an, unter anderem bereits im Namen des *Glücklichen* Prinzen. Groteskerweise lernen wir den Prinzen nämlich am Anfang als einen *Weinenden* kennen – es sind seine Tränen, die den Schwälberich aufmerksam machen. Im letzten Satz jedoch, den der Prinz spricht, kommt die *Freude* vor. Auch der Vogel ist eigentlich am Anfang der Erzählung ein Frierender und nicht an ihrem Ende. Mit seinem ersten Botenflug wird ihm innerlich warm, und die innere Wärme schützt ihn bis hin zum Gang ins Haus des Todes vor der Todesangst. Beide Figuren sind in ihrem Wirken glücklich, vereint in der Liebe zueinander und zu den Menschen. Ein solches Glück hätten sie weder goldgeschmückt in der Sonne noch wohlig aufgewärmt in Ägypten gefunden.

Die kleinen Kinder haben in ihren Träumen intuiert, welches Wunder sich – von den Erwachsenen unbemerkt – in der Stadt vollziehen wird. Sie erkannten einen flügellosen Engel, der sich Flügel ausleihen würde..., und gerade so ein Engel oder so ein Flügel kann jeder von uns sein. Dann braucht er nicht auf den »Himmel« zu warten, um zutiefst glücklich zu werden.

Im Unterschied dazu veranschaulicht das nachstehende Brüder-Grimm-Märchen »Der süße Brei« die Tragödie des Zuviels. Ein Prozess, der ursprünglich nicht minder aus der Liebe geboren worden ist, entpuppt sich zum alles verschlingenden Moloch. Wie kann solches passieren?

Der süße Brei[5]

Es war einmal ein armes frommes Mädchen, das lebte mit seiner Mutter allein, und sie hatten nichts mehr zu essen. Da ging das Kind hinaus in den Wald und es begegnete ihm da eine alte Frau, die wusste seinen Jammer schon und schenkte ihm ein Töpfchen, zu dem sollte man sagen: »Töpfchen koche«, so kochte es guten süßen Hirsebrei, und wenn man sagte: »Töpfchen steh«, so hörte es wieder auf zu kochen. Das Mädchen brachte den Topf seiner Mutter heim, und nun waren sie ihrer Armut und ihres Hungers ledig und aßen süßen Brei, so oft sie wollten.

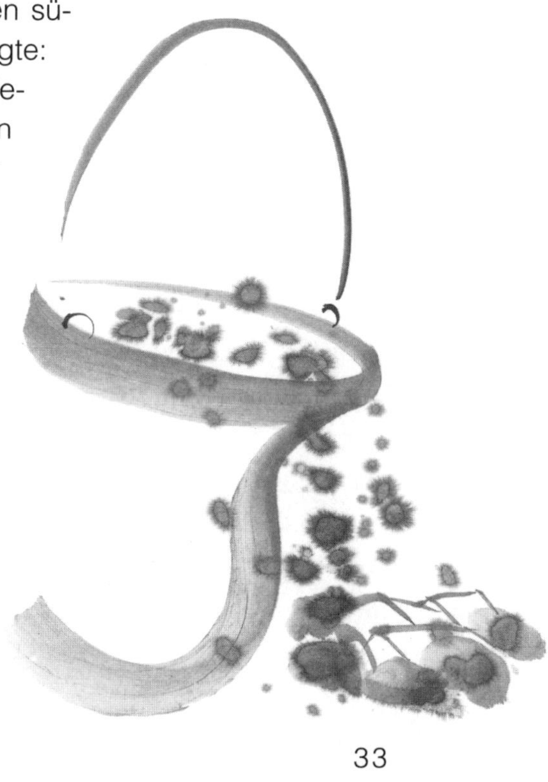

Auf eine Zeit war das Mädchen ausgegangen, da sprach die Mutter: »Töpfchen koche«, da kocht es, und sie isst sich satt; nun will sie, dass das Töpfchen wieder aufhören soll, aber sie weiß das Wort nicht. Also kocht es fort, und

> der Brei steigt über den Rand hinaus und kocht immerzu, die Küche und das ganze Haus voll, und das zweite Haus und dann die Straße, als wollt's die ganze Welt satt machen, und ist die größte Not, und kein Mensch weiß sich da zu helfen. Endlich, wie nur noch ein einziges Haus übrig ist, da kommt das Kind heim und spricht nur: »Töpfchen steh«, da steht es und hört auf zu kochen; und wer wieder in die Stadt wollte, der musste sich durchessen.

In dieser schlichten Geschichte funktioniert das Teamwork zwischen Mutter und Tochter nicht. Die Tochter bringt zwar ein Geschenk aus dem Walde heim, wir erfahren jedoch von keiner frohen Rückmeldung seitens der Mutter. Vor allem hören wir nichts von einer selbstübergreifenden, sinnhaften Verwendung des generösen Geschenkes. Die Liebe der alten Frau, die »um einen Jammer wusste« und Abhilfe schuf, wird kein bisschen fortgesetzt. Der »Jammer anderer« ist sozusagen irrelevant, obwohl das Töpfchen die Kapazität hätte, sämtliche Familien der Stadt zu sättigen, wie sich später dämonisch zeigt. Nein, Mutter und Tochter genießen im stillen Kämmerlein für sich allein.

Dafür aber ist das Töpfchen nicht gebaut. Die Geschenke des Lebens wollen sich austeilen. Das Schöpfungspuzzle soll vernünftig zusammengesetzt werden – unter Mitwirkung der Spezies Mensch. Die Nahrungsmittel unserer Erde wollen »die ganze Welt satt machen«, sie wollen nicht in den Taschen weniger Besitzer versauern. Die Angelegenheit bekommt eine Schieflage ...

Endgültig ins Rutschen gerät sie, als sich das Team trennt. Die Mutter – die Ältere und Verantwortliche – vergisst das Wort, den

Logos, den Sinn. Zu viel hat sie an ihre eigene Sättigung gedacht und zu wenig an die noble Spenderin im Wald, an die Tochter, an die Nachbarn rechts und links, an das Maß aller Dinge. So nimmt das Verhängnis seinen Lauf. Das Kind kann es – in seiner Unschuld – zwar stoppen, aber erst, als »nur noch ein Haus übrig ist«. Kurz vor zwölf.

So hoffen wir denn wieder einmal auf das »fromme« Kind. Hoffen wir, dass es in unseren Herzen erscheint und wir noch irgendeinen Weg finden, uns durch unsere Egoismen hindurchzuessen – oder besser hindurchzufasten? –, bevor es zu spät ist.

Vorräte besonderer Art

Wir haben mit einigen Gedanken zur partnerschaftlichen Liebe begonnen und im Brüder-Grimm-Märchen eine Mutter-Tochter-Beziehung gestreift. Wenden wir uns jetzt der ganzen Familie zu. Sie bildet gewissermaßen ein Minipuzzle für sich, in dem jedes Teilchen, sprich Familienmitglied, unersetzlich und unaustauschbar ist. Auf jedes kommt es an, jedes hat seinen persönlichen wichtigen Beitrag zu leisten, nach seinen Kräften und Fähigkeiten. Die gegenseitige Liebe ist dann nicht bloß dadurch definiert, dass jedes Familienmitglied etwas für alle tut, sondern auch dadurch, dass jedes *das seinen Talenten Entsprechende* einbringen darf und genau dies von den Übrigen respektiert und honoriert wird. Die moderne Vision von einer »versöhnten Vielfalt« innerhalb der Menschheit kann nicht anders den Globus umspannend Fuß fassen, als dass sie zunächst in den Wohn- und Schlafräumen der einzelnen Familien umgesetzt wird.

Was dem im Wege steht, ist selten ein Mangel an gutem Willen. Meistens ist es simples Unverständnis. Man schließt von sich auf andere. Man denkt mit den eigenen Gehirnwindungen über fremde Denkvorgänge nach. Man tastet mit der eigenen Sensibilität in die Emotionen anderer hinein. Man meint, dies und jenes sei zwingend logisch, doch handelt es sich stets um eine Logik bis zum eigenen beschränkten Horizont, über den nicht so leicht hinausgeschaut wird.

In der Geschichte »Frederick« von Leo Lionni ist es der enge Horizont schwatzhafter Feldmäuse, der sich einen Herbst lang »versöhnter Vielfalt« entgegenstemmt, bis er sich schließlich weitet ...

Frederick[6]

Rund um die Wiese herum, wo Kühe und Pferde grasten, stand eine alte Steinmauer. In dieser Mauer – nahe bei Scheuer und Kornspeicher – wohnte eine Familie schwatzhafter Feldmäuse.

Aber die Bauern waren weggezogen, Scheuer und Kornspeicher standen leer. Und weil es bald Winter wurde, begannen die kleinen Feldmäuse Körner, Nüsse, Weizen und Stroh zu sammeln. Alle Mäuse arbeiteten Tag und Nacht. Alle – bis auf Frederick.

»Frederick, warum arbeitest du nicht?«, fragten sie. »Ich arbeite doch«, sagte Frederick, »ich sammle Sonnenstrahlen für die kalten, dunklen Wintertage.«

Und als sie Frederick so dasitzen sahen, wie er auf die Wiese starrte, sagten sie: »Nun, Frederick, was machst du jetzt?« »Ich sammle Farben«, sagte er, »denn der Winter ist grau.«

Einmal sah es so aus, als sei Frederick halb eingeschlafen. »Träumst du, Frederick?«, fragten sie vorwurfsvoll. »Aber nein«, sagte er, »ich sammle Wörter. Es gibt viele lange Wintertage – und dann wissen wir nicht mehr, worüber wir sprechen sollen.«

Als nun der Winter kam und der erste Schnee fiel, zogen sich die kleinen Feldmäuse in ihr Versteck zwischen den Steinen zurück. In der ersten Zeit gab es noch viel zu essen, und die Mäuse erzählten sich Geschichten über singende Füchse und tanzende Katzen. Da war die Mäusefamilie ganz glücklich! Aber nach und nach waren fast alle Nüsse und Beeren aufgeknabbert, das Stroh war alle, und an Körner konnten sie sich kaum erinnern. Es war auf einmal sehr kalt zwischen den Steinen der alten Mauer, und keiner wollte mehr sprechen.

Da fiel ihnen plötzlich ein, wie Frederick von Sonnenstrahlen, Farben und Wörtern gesprochen hatte. »Frederick!«, riefen sie, »was machen deine Vorräte?«

»Macht die Augen zu«, sagte Frederick und kletterte auf einen großen Stein. »Jetzt schicke ich euch die Sonnenstrahlen. Fühlt ihr schon, wie warm sie sind? Warm, schön und golden?« Während Frederick von der Sonne erzählte, wurde den kleinen Mäusen viel wärmer. Ob das Fredericks Stimme gemacht hatte? Oder war es ein Zauber?

»Und was ist mit den Farben, Frederick?«, fragten sie aufgeregt. »Macht wieder eure Augen zu«, sagte Frederick. Als er von blauen Kornblumen und roten Mohnblumen im gelben Kornfeld und von grünen Blättern am Beerenbusch erzählte, da sahen sie die Farben so klar und deutlich vor sich, als wären sie aufgemalt in ihren kleinen Mäuseköpfen.

»Und die Wörter, Frederick?« Frederick räusperte sich, wartete einen Augenblick, und dann sprach er von der Bühne herab:

»Wer streut die Schneeflocken? Wer schmilzt das Eis?
Wer macht lautes Wetter? Wer macht es leis?
Wer bringt den Glücksklee im Juni heran?
Wer verdunkelt den Tag? Wer zündet die Mondlampen an?
Vier kleine Feldmäuse wie du und ich
wohnen im Himmel und denken an dich.
Die Erste ist die Frühlingsmaus, die lässt den Regen lachen.
Als Maler hat die Sommermaus die Blumen bunt zu machen.
Die Herbstmaus schickt mit Nuss und Weizen schöne Grüße.
Pantoffeln braucht die Wintermaus für ihre kalten Füße.
Frühling, Sommer, Herbst und Winter sind vier Jahreszeiten.
Keine weniger, keine mehr. Vier verschiedene Fröhlichkeiten.«

Als Frederick aufgehört hatte, klatschten alle und riefen: »Frederick, du bist ja ein Dichter!« Frederick wurde rot, verbeugte sich und sagte bescheiden: »Ich weiß es – ihr lieben Mäusegesichter!«

Sinn kann nicht allein durch Arbeit erfüllt werden. Freilich braucht es Arbeit zum Leben, daran ist nicht zu rütteln, weder von Mensch noch Tier. Arbeit ist gesund und Zeichen von Gesundheit. Trotzdem besteht die Alternative zur Arbeit nicht nur in Faulheit und Parasitentum. Zahlreiche Werte werden »untätig« verwirklicht: auf kontemplative und meditative Weise, betend und erkennend, würdig tragend und tapfer durchhaltend, sogar im reinen Sosein und Dasein einer Person. Gerade Familien mit mehreren Generationen sind diesbezüglich eingeweiht. Das Neugeborene arbeitet nicht, der senile Großvater arbeitet nicht, die krebskranke Schwester arbeitet nicht ... Dennoch: Wie gut, dass es sie gibt, das Neugeborene, den Großvater, die Schwester ...! Das Baby entzündet mit seinem Lachen Kummer vergessende Heiterkeit in der Familie. Der Greis im Lehnstuhl inspiriert zur Verbeugung vor dem vollbrachten Lebenswerk. Die Kranke in ihrer Not mahnt zum sorgfältigen Umgang mit der Zeit, die uns allen abläuft und nie wiederkehrt. Welch herrliche Eigenschaften locken diese drei bei ihren Angehörigen hervor! Fröhlichkeit, Demut, Hilfsbereitschaft, Rücksichtnahme und eine beachtliche Menge an Liebe. Na ja, nicht automatisch natürlich! Der freie Mensch kann sich einem Sinnanruf auch verweigern. Doch *dass* Personen *nur durch ihr Sein*, also ohne jegliches tüchtiges Tun und Wirken, zum lebendigen Sinnanruf für andere werden, ist fantastisch. Ihr Beitrag ist es, die menschliche Seite in den Menschen zum Schwingen zu bringen, die soziale Kompetenz ihrer Mitwelt zu schärfen und deren Gespür für humanitäre Dienste zu entwickeln. Wohin würden wir driften ohne die Kranken, Gebrechlichen, Behinderten und Schwachen? Wahrscheinlich in rasanter Fahrt senkrecht hinauf auf die Spitze des Turms von Babylon und in ebenso rasantem Sturz wieder hinab in den Abgrund, sobald der Turm kippt.

Das Hervorlocken von Positivem ist wahrlich ein interessantes Phänomen. Frederick beherrschte es perfekt. Mitten im kalten Winter lockte er wohlige Wärmegefühle bei seinen Lieben hervor. Umgeben von Grautönen lockte er Farbensehen hervor. Der allgemeinen Sprachlosigkeit entlockte er die Begeisterung an der Poesie. Manche von uns sind ähnlich begabt wie der kleine Mäuserich in Leo Lionnis Geschichte. Dazu sind keine Schulabschlüsse und hohen beruflichen Positionen vonnöten; nicht einmal die Arbeitsfähigkeit muss vorliegen. Aber Vorräte müssen jene Begabten schon anlegen, nämlich Vorräte besonderer Art wie Güte, Weisheit, Ideenvielfalt, Ausstrahlung und Trost. Damit vermögen sie in einer heiligen Stunde diejenigen zu bereichern, die am Ende ihrer materiellen Vorräte angelangt sind.

Zwei Paare Arm in Arm

Bekanntlich wird eine neue Familie gegründet, indem sich zwei Personen finden, die (scheinbar oder realiter) ideal zusammenpassen. Das bedeutet nicht, dass sie einander völlig ähneln, sondern eher, dass sie einander prächtig ergänzen. Wie Schlüssel und Schloss fügen sie sich zu einer Meta-Ganzheit zusammen, ohne dabei miteinander zu verschmelzen oder ihr Ich zu verlieren. Schlüssel bleibt Schlüssel, und Schloss bleibt Schloss. Der Schlüssel wird nicht zum Schloss ummodelliert, und umgekehrt. Dennoch erleben sich beide im Trennungszustand als irgendwie unvollständig; die Liebe ersehnt das Geliebte.

Die folgende Kurzgeschichte »Ein Fest beim höchsten Wesen« von Iwan S. Turgenjew und eine Kurzfassung des »Märchens von der traurigen Traurigkeit« von Inge Wuthe schildern das jeweilige Sich-Finden zweier solcher Paare. Wie der Leser feststellen wird, handelt es sich um merkwürdige Paare. Für jedes Paar gilt, dass sich die beiden noch nie begegnet sind, obwohl sie aus den gleichen »Heimatorten« stammen. Warum sind sie einander so fremd? Darüber nachzudenken wollen die Geschichten anregen. Ferner gilt für jedes Paar, dass sich die beiden prächtig ergänzen. Wie Schlüssel und Schloss ... In der Tat sperrt jedes Paar Arm in Arm ein Kämmerchen auf, in dem ein großer Segen wohnt.

Vernehmen wir die beiden Texte:

Ein Fest beim höchsten Wesen[7]

Einst fiel es dem höchsten Wesen ein, ein Festmahl in seinen lasurfarbenen Hallen zu veranstalten. Als Gäste waren alle Tugenden eingeladen. Nur die Tugenden allein – also gar keine Männer – bloß Damen.

Es versammelten sich ihrer viele, große und kleine. Die kleinen Tugenden waren angenehmer und liebenswürdiger als die großen; alle aber schienen zufrieden – und unterhielten sich höflich miteinander, wie es sich für nahe Verwandte und Bekannte schickt.

Da bemerkte das höchste Wesen zwei schöne Damen, die anscheinend miteinander nicht bekannt waren. Der Hausherr nahm die eine dieser Damen bei der Hand und führte sie zur anderen hin.

»Die Wohltätigkeit!« sagte er, auf die Erste hinweisend.

»Die Dankbarkeit!« – fügte er hinzu, die Zweite vorstellend.

Beide Tugenden wunderten sich unsäglich: Seit die Welt geschaffen, und das war lange her – begegneten sie sich jetzt zum ersten Male.

Das war die Geschichte vom Sich-Finden des ersten Paares. Erfahren wir nun, wie sich das zweite Paar gefunden hat:

Das Märchen von der traurigen Traurigkeit[8]

(Kurzfassung)

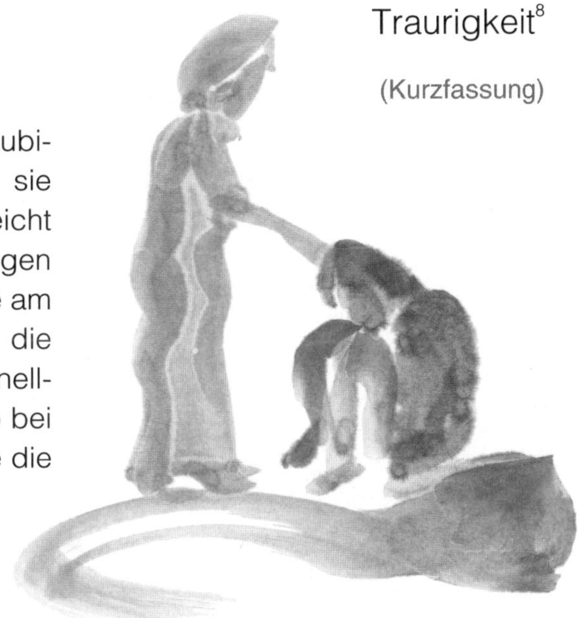

Eine kleine Frau kam einen staubigen Feldweg entlang. Obwohl sie sehr alt war, wirkte ihr Gang leicht und ihr Lächeln wie das eines jungen Mädchens. Plötzlich sah sie eine am Straßenrand hockende Gestalt, die mit einer formlosen grauen Flanelldecke zugedeckt war, und blieb bei ihr stehen. Die kleine Frau fragte die graue Gestalt, wer sie sei.

Ein müdes Flüstern drang aus der Flanelldecke: »Ich bin die Traurigkeit«. Die kleine Frau begrüßte sie erfreut, was die Traurigkeit zutiefst verwunderte: »Du läufst nicht vor mir davon?« Die kleine Frau verneinte und fragte zurück, warum die graue Gestalt so mutlos und bedrückt sei. Da schüttete die Traurigkeit ihr Herz aus.

Sie erklärte, dass niemand sie möge. Es sei ihr Auftrag, für gewisse Zeiten bei den Menschen zu verweilen. Doch die Menschen würden sie fürchten, sie meiden und wegschubsen, wo sie nur könnten. Sie würden sie mit unechter Heiterkeit, oberflächlichem Geschwätz, vorgeblicher Härte oder gar Alkohol und Drogen bekämpfen, obwohl es ihnen dabei seelisch und körperlich immer schlechter gehe. Die Traurigkeit schluchzte. »In Wirklichkeit will ich den Menschen doch nur helfen! Wer mich einlässt und seine Tränen zulässt, dessen Wunden kann ich pflegen und heilen«, rief sie aus.

Da zog die kleine Frau die graue Gestalt in ihre Arme und streichelte sie. Seltsam wie weich und sanft sich diese anfühlte! »Du brauchst nie mehr allein deines Weges zu ziehen«, tröstete sie sie, »von nun an werde ich dich begleiten.«

Die Traurigkeit stand auf und blickte verdutzt »Ja, wer bist du denn überhaupt?« Die kleine Frau, die sehr alt war, lächelte ihr Jung-Mädchen-Lächeln und antwortete: »Ich? Ich bin die Hoffnung«.

Überlegen wir uns, warum es für jedes der beiden Paare so schwierig (gewesen) sein mag, einander zu finden. Ich vermute Folgendes: In der Psychotherapie ist ein verbreiteter Kardinalirrtum beschrieben, der in einer Art geistigem Trägheitsprinzip wurzelt. Und zwar nehmen wir die Dinge für *selbstverständlich*, an die wir gewöhnt sind. Nach zehn krankheitsfreien Jahren halten wir Gesundheit für selbstverständlich. Bei zwei unauffälligen Kindern halten wir normale Entwicklungen für selbstverständlich. Nach drei Jahrzehnten stabiler politischer Verhältnisse halten wir Frieden für selbstverständlich. Analoges geschieht im Negativen. Während einer Pechsträhne glauben wir, der Tunnel sei endlos. Nach zwei gescheiterten Beziehungen sind wir überzeugt, eine Dritte kann wieder nur danebengehen. Bei einer Häufung von Demütigungen und Verletzungen fühlen wir uns von Gott und der Welt verlassen. Unsere Vorstellungskraft hinkt nach, sobald ihr Bilder eines abrupten und gewaltigen Wechsels der Szenerie abverlangt sind.

Lässt sich nun die Dame »Wohltätigkeit« längere Zeit bei einem Menschen nieder, verleitet ihn seine geistige Trägheit zu der Annahme, dies sei ihre Pflicht und Schuldigkeit. Er bemerkt ihre Anwesenheit kaum noch, weshalb er keinen Nachbarsitz für die Dame »Dankbarkeit« einrichtet.

Senkt sich andererseits die graue Flanelldecke der »Traurigkeit« auf einen Menschen nieder, verleitet ihn seine geistige Trägheit zu einer ähnlichen Annahme. Er meint, unter ihrer Last nie mehr hervorkriechen zu können, weshalb er die kleine Frau »Hoffnung« mit unter ihr begräbt.

Warum aber lohnt es sich, die geistige Trägheit in dieser doppelten Hinsicht zu überwinden und die beiden Paare, die es schwer genug haben, jeweils einander zu finden, nie mehr zu trennen? Weil sie, wie bereits angeklungen, einander prächtig ergänzen. Sie sind geradezu »Liebespaare«, und die soll man schon gar nicht auseinander reißen. Wie gern spazieren die »Wohltätigkeit« und die »Dankbarkeit« Arm in Arm über die Erde! Die eine teilt ihre Schätze aus und weiß sie geschätzt; das streichelt ihre Seele. Die andere empfängt Gnadengaben und weiß sich begnadet; das rührt ihre Seele. Miteinander ebnen sie Berge an Ungerechtigkeit und Armut ein und schaffen eine neue Brüderlichkeit und Schwesterlichkeit, von der man nur träumen kann. Ebenso lieben es die »Traurigkeit« und die »Hoffnung«, Arm in Arm die Häuser und Herzen der Menschen zu besuchen. Die eine wacht darüber, dass verlorene Werte nicht vergessen werden. Nein, das einst und für immer Kostbare soll mit Kränzen, Kerzen und Tränen geehrt werden. Die andere aber sät die Kraft aus, über den Abschied hinaus in den nächsten Lebensabschnitt hineinzuleben und sich dessen noch ungeahnten Werten zu öffnen, die genauso wenig »vergessen« bzw. vernachlässigt werden sollen. Miteinander behüten sie die innere Bejahung des Gewesenen und des Kommenden, des gesamten Spektrums menschlicher Existenz zwischen Geburt und Tod.

Brüderlichkeit und Schwesterlichkeit ..., unerschütterliche Lebensbejahung ... na, wenn dies keine Kämmerchen voller Segen sind! Sperren wir sie auf – mit Schlüssel und Schloss!

Das Zeugnis der »Schafmarie«

In dem französischen biografischen Roman »Marie des brebis« von Christian Signol wird der Lebensweg einer Frau erzählt, der es offenbar gelungen ist, die beiden genannten Paare zu einer exquisiten Vierergruppe zusammenzuführen. Sie war trotz vieler Schicksalsschläge wohltätig und dankbar, traurig und voller Hoffnung zugleich. Deshalb konnte sie als fast Neunzigjährige ihre Biografie mit den Worten abschließen:

Seite 185

Was bleibt mir noch zu hoffen? Auf was könnte ich Lust haben? Gewiss auf nichts. Und doch würde ich mich am liebsten unter die kleinen Mädchen mischen, die dort drüben auf der anderen Seite des Platzes einen Kreis bilden und mit Begeisterung singen. Wenn ich sie höre, bekomme ich Lust zu tanzen und ebenfalls ein Lied zu singen, dessen Text etwa lauten würde:

»Für die Sonne auf dem Laub,
für den Pfirsichgeschmack in meinem Mund,
für die Hand meines Enkelsohnes auf meiner Schulter,
für die hellen Steine der Häuser,
für diesen vergissmeinnichtblauen Himmel,
für die Silberreflexe des Flusses,
die ich zwischen den Mauern herüberblinken sehe,
für diesen kühlen Schattenfleck,
der nach reifer Feige duftet,
für den Wind, der meine Haare küsst,
für die jetzige Minute, für das Leben vor mir
danke! Danke!«

Fragen wir: Wie gelangt man dorthin? Wie erklettert man die gigantisch hohe Seinsstufe, auf der diese fast Neunzigjährige angekommen ist? Prüfen wir ihre Ursprungsfakten: Im Buch steht, dass Maria das exakte Datum ihrer Geburt nicht kannte. Johannes, der alte Schäfer von Maslafon, hatte sie 1901 an einem Herbstmorgen schlafend zwischen seinen Schafen gefunden und »Marie des brebis« (Schafmarie) getauft. Er liebte sie wie seine Tochter ...

Es stimmt, die Ursprungsfakten waren nicht übel. Ausgesetztsein, ohne Eltern, ohne Dach über dem Kopf und sonstige Ressourcen, ist gegenstandslos, wenn nur die Liebe da ist. Das Dach des Geliebtwerdens genügt für ein Kind. Wie ging es weiter? Greifen wir einige kurze Auszüge aus dem authentischen Bericht Marias heraus, den sie im vorgerückten Alter dem Autor Christian Signol anvertraut hat.

Marie des brebis[9]

(Auszüge aus dem Französischen
übersetzt von Agnes Stein)

Seite 53

Ich brachte es am 6.1.1922 zur Welt, und eine Stunde später starb es. Ich hatte gerade nur so viel Zeit, dass ich es sehen, fühlen und erkennen konnte, dass ich es nie vergessen würde. Gott hatte es mir gegeben und wieder genommen. Warum? Ich habe lange versucht, das zu verstehen. Vielleicht dachte Er, es ginge ihm bei Ihm besser als bei mir, ich sei nicht fähig, es richtig aufzuziehen, oder ich würde ihm, ohne es zu wollen, wehtun. Nächtelang habe ich mich erforscht und zu ergründen versucht, womit ich diesen Schmerz verdient hatte. Dann habe ich mir gesagt, dass es zu viel Hochmut ist, alles verstehen zu wollen. Ich spürte, dass ich mich zufrieden geben musste zu lieben, und ich habe dieses tote Kind in einen Winkel meines Herzens gebettet, schön im Warmem, um mit ihm zu reden, es zu liebkosen, zu umsorgen, bis ich es in der Ewigkeit wirklich wiederfinden würde.

Eine Umarmung der beiden Damen »Dankbarkeit« und »Traurigkeit«, um die noch zusätzlich die »Demut« herumhüpft, während die »Liebe« mit ihren weiten Flügeln darüber kreist.

Seite 110

Eloi war der zweite Sohn, den ich verlor. Florentin war im Gefängnis. Niemals sind mir die Tage schwärzer vorgekommen als in diesem Monat Juni. Meine Tochter Francoise und ich waren jenseits der Tränen. Selbst an jenem schrecklichen Tag, als wir Eloi in dem kleinen Friedhof beerdigten. Wir klammerten uns an die Hoffnung, Florentin so bald wie möglich wieder zu sehen, und wir kämpften Seite an Seite, ohne unsere Hände loszulassen. Ich sagte mir, dass ich nichts gegen den Wahnsinn der Männer hatte tun können, aber ich wusste trotz allem, dass hinter dem kalten Nebel jener Tage ein Licht leuchtete, auf das ich weiterhin zugehen musste. Alles annehmen, in der Hoffnung leben, nichts vergessen, aber nichts nachtrauern – mit diesen Gedanken machte ich mich jeden Morgen von neuem auf den Weg, unter dem aufmerksamen Blick von Francoise.

Kein Zweifel, das bewährte Paar »Traurigkeit« und »Hoffnung« geleitete Maria durch jene schwarzen Junitage.

Seite 173/174

Ich brauchte gut drei Monate, bis ich mein Schicksal (für immer gelähmte Beine nach einem Schlaganfall) akzeptieren konnte, aber es ist mir gelungen. Mein Leben änderte sich und zwang mich, mich zu ändern. Meine Welt ist kleiner geworden, und anstatt in die Ferne zu sehen, habe ich gelernt, mich in der Nähe umzuschauen. Auf diese Weise habe ich Geheimnisse entdeckt, hinter die ich früher nicht gekommen bin. Jetzt kenne ich vieles besser: meinen Schatten, die Farben, die Gegenstände, die ich berühre. Ich lebe vom kleinen Glück. Ich betaste einen

Baum, spüre seine Oberflächenstruktur, seine Rauheit ebenso wie seine Zartheit. Ich nehme die feinen Geruchsfetzen besser wahr, auf die ich früher nicht achtete. Da – ein Geruch des Felsbodens des Saint-Cyr-Bergs! Derselbe wie der meiner Heimathügel, die mir dann nicht so fern sind. Jede Kleinigkeit ist für mich ein Gewinn. Ich weiß, dass ich besser lebe als vorher. Ja, ich habe in der Lähmung eine zusätzliche Quelle des Glücks gefunden.

Wieder umarmen sich die beiden Damen »Dankbarkeit« und »Traurigkeit«, um die noch zusätzlich die »Tapferkeit« herumhüpft, während die »Liebe« still darüber ihre Kreise zieht, und die »Hoffnung« siegestrunken Beifall zollt.

Seite 178–180

Ich erinnere mich ... ich erinnere mich an eine Weintraube, die ich an einem Oktobermorgen in meiner Hand zerdrückte, an den Krapfen, den ich an einem Jahrmarkt in Gramat unter strömendem Regen aß, an eine Forelle, die sich in den Waschplatz von Ousse verirrt hatte und die ich in die Hand nahm, an den düsteren Blick einer alten Frau, deren schwere Verbrennung ich geheilt hatte, an den braunhaarigen Akkordeonspieler bei einem Fest im Krieg, an den Geschmack des eingelegten Fleisches an dem Abend, als Florentin zurückkam, an die Feigen, die ich vor meiner Türe fand, als wir fast nichts mehr zu essen hatten ...

Alle diese Schätze, die ich im Lauf längst vergangener Tage angehäuft habe, fließen mir zu, ohne dass ich sie rufe, und jedes Mal weiß ich, dass sie dem gleichen, was mich erwartet, wenn Gott mich zu sich rufen wird. Ich weiß heute: Das Ergriffensein von der Musik, von tätiger Nächstenliebe, das Ergriffensein von Erinnerungen, von einem Stück Leben, das der Zeit abgerungen worden ist, das bin ich selbst, das ist meine ewige Seele.

Nie hätte ich mir einen so reichen und friedlichen Lebensabend erträumt. Ich habe gelernt, allein zurecht zu kommen, mir selbst zu genügen, trotz der Einschränkungen, die mir meine Beine auferlegen. Ich bin imstande, mich aus meinem Bett in meinen Rollstuhl zu hieven, mein Fenster zu öffnen, Toilette zu machen, selbstständig zu frühstücken, für alle in der Familie ein Frühstück zu richten und in mein Zimmer zurückzufahren, um niemanden zu stören. Ehe sie zur Arbeit oder zur Schule gehen, kommen sie alle, um mir Ade zu sagen.

Wenn ich wieder allein bin, kümmere ich mich um das Mittagessen. Das ist meine Art, mich nützlich zu machen und meinen Beitrag zu leisten. Musik. Lektüre. Ich schaue, ich lausche, ich registriere das kleinste Geräusch, die geringste Veränderung ringsum, jedes Gesicht, das ich auf der Straße bemerke. Ich genieße alles, ohne Hast, aber im Bewusstsein des Wertes dieser Minuten, die vorübergehen und nie mehr wiederkehren. Und sobald die schönen Tage kommen werden, wird mir eines meiner Enkelkinder hinunterhelfen und mich auf langen Spaziergängen an den Ufern des Lots begleiten. Ich weiß schon im Voraus, dass es wundervoll sein wird. Ich werde den Geruch der Schafe wiederfinden und mich am blauen Himmel berauschen können ...

Auch die Dame »Wohltätigkeit« hat sich in die Lebenslinien Marias eingeklinkt und reicht der »Dankbarkeit« und der »Hoffnung« die Hände. Ob die »Traurigkeit« noch mit im Reigen ist? Aber sicher! Sie hört nicht auf, das Andenken zweier toter Kinder zu hüten. Aber sie ist weich und sanft wie im Märchen von Inge Wuthe, und über ihrem grauen Kleid funkelt das Gold der Liebe.

Wir verstehen: Von so vielen Hilfsgeistern gestützt, ist es kein Wunder, wenn man eine gigantisch hohe Seinsstufe erklimmt – mit gelähmten Beinen und beschwingter Seele!

Das Land ohne das Böse

Die französische »Marie des brebis« war überzeugt davon, dass sie ihre lieben Toten nach ihrem eigenen Dahinscheiden wiedersehen würde. Diese Überzeugung ist uralt und international. Sie taucht in Variationen fast in sämtlichen Weltreligionen auf und ist auch Bestandteil der modernen Spiritualität. Ihr zu Grunde liegt die kognitive und emotionale Unvereinbarkeit von Liebe und Endlichkeit. Was geliebt wird, stirbt nicht – so steht es in unserem Tiefenbewusstsein geschrieben.

Demzufolge müssen Religionen, die einem liebenden Gottesbild huldigen, einen »meeting point« der Toten imaginieren, gleichsam ein Walhall jenseits von Raum und Zeit, »wo« man sich trifft, in Freude und Reinheit. Die südamerikanischen Guaraní-Indianer nannten den von ihnen imaginierten »Ort« das »Land ohne das Böse«, was von der Begrifflichkeit her eine kluge Umschreibung ist. Denn jeder böse Gedanke und jede böse Absicht, wie sie nun einmal schattenhaft durch unsere Seelen geistern, würden die Wiedersehensfreude im Jenseits erheblich trüben (bzw. das Jenseits zu einer bloßen Projektion des Diesseits korrumpieren). Nur stellt sich dann die Frage, wie wir schwachen Menschlein auf dem Weg ins »Land ohne das Böse« die Reste des Bösen loswerden, die noch an uns kleben mögen.

Zur Problemlösung hat das Christentum bekanntlich das »Fegefeuer« als Vorraum des Himmels kreiert und dabei in Kauf genommen, dass das liebende Gottesbild ein paar Schrammen abbekommt. Die Guaraní-Indianer haben dieses Problem genialer gelöst. Lesen wir ihre von Dietmar H. Melzer aufgezeichnete Version:

Mainumbí – der Kolibri[10]

Als Tupá die Welt erschaffen und den Menschen gelehrt hatte, in ihr zu überleben, wollte er sich in die ewige Finsternis zurückziehen. Doch da bemerkte er, dass die Geister der Toten den Weg in das »Land ohne das Böse« nicht kannten. Ohne einen Führer würden sie im Dunkel des Dschungels umherirren und sich vielleicht in bösartige Anguerys verwandeln.

Tupá dachte nach. Und wie er so überlegte, spielte er mit dem Dorn einer Kokeropalme. Da erschien eine große, grüne Fliege, die reglos in der Luft zu schweben schien. Jedes Mal, wenn sie sich mit Summen bewegte, reflektierte ihr Körper die Sonne in einer anderen Farbe, sodass sie wie ein Regenbogen leuchtete. Entzückt näherte sich Tupá der Fliege und führte sanft den Stachel der Palme an ihren Kopf. Er lachte, denn der Stachel verwandelte sich in einen feinen Schnabel. Da hatte er seinen Führer!

Er musste nur noch einen Ort finden, wo die Geister auf den Führer warten konnten, bis dieser sie mitnahm. Und weil Tupá die Geister der Menschen schön fand, beschloss er, sie beim

Tode des Menschen in Blüten des Dschungels entschweben zu lassen, wo sie schlummern konnten, bis Mainumbí – so nannte Tupá den Führer – sie suchen und schließlich finden würde.

Mainumbí, der Kolibri, kommt also aus dem »Land ohne das Böse« in unsere Welt, um die schlummernden Geister aus dem Wald zu holen. Er küsst zärtlich die Blüten und nimmt damit den Geist des Menschen auf. Dann fliegt er rasch an jenen Ort der ewigen Freude, der einzigen Zuflucht des Menschen beim Untergang der Welt.

Im Indianermärchen wird das liebende Gottesbild konsequent durchkomponiert. Die Geister der Toten warten in den Blüten des Dschungels (wo alles Böse von ihnen abfallen kann), bis der Kolibri sie zärtlich wachküsst für die Reise in die bessere Welt ... Welch tröstliche Symbolik! Welch erstaunliches Urwissen um Unwissbares!

Es korrespondiert mit einem Wort von Friedrich Hebbel:

Und aus seinen Finsternissen
tritt der Herr, so weit er kann,
und die Fäden, die zerrissen,
knüpft er alle wieder an.

Es korrespondiert mit einem Wort von Dag Hammarskjöld:

Für den, der glaubt,
wird das letzte Wunder
größer als das erste sein

Es korrespondiert mit etwas Unausgesprochene in uns allen.

Der Teufel und der Mut

Wie schwer es uns Menschen dennoch fällt, unsere religiösen Vorstellungen mit unendlicher Liebe zu verbinden, zeigt sich unter anderem darin, dass neben dem »Fegefeuer« und seiner Potenzierung zur »Hölle« auch der »Teufel« zum religiösen Repertoire gehört. So kann man zum Beispiel am Kölner Dom zwei in Stein gehauene Figuren besichtigen, einen Mann und einen Hund, mit denen es laut Domführer die nachstehende Bewandtnis hat:

Sage zum Dombau zu Köln

Der Teufel war neidisch auf den Dombau zu Köln und ging – kaum, dass der Bau begonnen war – mit dem Baumeister eine Wette ein: Der Satan wollte eine Wasserleitung von der Eifel nach Köln bauen, noch bevor der Kirchbau vollendet sei. Würde er gewinnen, so stünde ihm die Seele des Meisters zu.

> Als der Meister schließlich auf dem vollendeten Turm der Kirche stand, sah er, dass der Teufel seine Aufgabe bereits vollbracht hatte. Voller Zorn stürzte sich der Baumeister in die Tiefe, um sich dem Satan zu entziehen. Doch dieser folgte ihm direkt hinterher – in Gestalt eines Höllenhundes.

Der steinerne Mann am Kölner Dom symbolisiert also die verlorene Seele, und der steinerne Hund symbolisiert die Instanz, die sie hat verloren gehen lassen. Keine sehr erbaulichen Symbole für ein berühmtes Gotteshaus!

Transferieren wir die mittelalterliche Story aus dem Domführer in unsere heutige Epoche. Es sind menschliche Wesen, die im knallharten Wettbewerb des Karriere- und Prestigedenkens von Neid und Eifersucht heimgesucht werden. Einer gönnt dem anderen dessen Erfolge nicht, einer beäugt des anderen Taten voller Misstrauen und Furcht – der andere könnte es zu mehr Ruhm, Macht oder Geld bringen als man selber. Die Angst sitzt den Menschen im Nacken. Der eine baut den Dom, der andere baut eine Wasserleitung ... Der eine eröffnet eine Änderungsschneiderei, der andere leitet eine Imbissbude, wer wird mehr Kundschaft gewinnen? Wer wird sich länger halten können, ohne pleite zu machen? Der Versager büßt seine Seele ein ... seine Selbstachtung, sein Ansehen bei den Mitmenschen, seinen sozialen Rang. Manche Spielregeln in unserer Gesellschaft unterscheiden sich kaum von der Dynamik des antiquierten »Teufelspaktes«; wer mit dem allgemeinen Tempo nicht mithalten kann, gerät leicht unter die Räder.

Mehr noch bleibt auf der Strecke: Die Selbst- und Nächstenliebe! Wo soll sie zwischen den gnadenlosen Anforderungen des täglichen Konkurrenzdruckes aufkeimen? Schon die Gymnasiasten lernen, dass es nicht opportun ist, einander bei den Schulaufgaben zu helfen, weil dann die Dummen nachrücken und den Gescheiten das Wasser abgraben, sprich: die Privilegien der guten Zensuren abjagen könnten. Und schon die Jugendlichen hassen sich selbst in ihrer rivalisierenden Isolation, in der ihnen bloß noch der parteilose Computer zum Freund wird.

Ich gebe zu, dass es zum Glück nicht ganz so schlimm ist. Doch sind »Fensterstürze voller Zorn« die Hauptursache der heutigen Vollbelegung psychiatrischer Kliniken und Institutionen, wobei nicht jeder Patient von einem Turm in den Abgrund springt. Mancher junge Mann spritzt sich zu Tode, manche junge Frau magert mitten im Überfluss zu Tode ab und viele Erwachsenen sämtlicher Altersgruppen stürzen in tiefe Depressionen. Ihnen allen ist der »Höllenhund« auf den Fersen, die Drehscheibe zwischen Angst und Versagen, Vereinsamung und »No future«.

Was wir brauchen, sind neue Vorbilder und neue Helden. Die steinernen Figuren der Verlorenheit haben an den Fassaden der Kirchen ausgedient. Wir brauchen inspirierende Lehrer, die Mut beweisen: den Mut, dem barbarischen Erfolgs- und Konsumzwang die Stirn zu bieten und schlicht zu tun, was Sinn hat. Wir brauchen einfache Naturen, die unspektakulär an ihrem Werk bauen, ohne ihre Seelen zu verschachern. Und wir brauchen Helden der Liebe, die nicht länger als eine Minute zögern, wenn das Leben sie anfragt. In der Kurzgeschichte »Über den Mut« von Dan Millmann begegnen wir einem solchen Helden in Form eines kleinen Jungen.

Es wäre gewiss keine schlechte Idee, ein steinernes Denkmal von ihm und seiner Schwester gegen den Mann und Hund am Kölner Dom auszutauschen.

Über den Mut[11]

»Du glaubst, ich bin mutig?«, fragte sie.

»Ja, das glaube ich.«

»Vielleicht bin ich das. Aber das kommt daher, weil ich einige inspirierende Lehrer hatte. Ich werde dir von einem von ihnen erzählen. Vor vielen Jahren, als ich als Freiwillige im Stanford-Krankenhaus arbeitete, lernte ich ein Mädchen namens Liza kennen, das an einer seltenen und schweren Krankheit litt. Die einzige Heilungschance schien eine Bluttransfusion von seinem fünfjährigen Bruder zu sein, der wunderbarerweise die gleiche Krankheit überlebt und Antikörper gebildet hatte, die zur Bekämpfung der Krankheit nötig waren. Der Arzt erklärte dem Bruder des Mädchens die Lage und fragte ihn, ob er bereit sei, sein Blut für seine Schwester zu spenden. Ich sah ihn nur einen Augenblick zögern, bevor er tief Luft holte und sagte: »Ja, ich tue es, wenn es Liza rettet.«

Als die Transfusion im Gange war, lag der kleine Junge in einem Bett neben seiner Schwester und lächelte wie wir alle, als die Farbe in ihre Wangen zurückkehrte. Dann wurde sein Gesicht blass, und sein Lächeln schwand. Er sah zu dem Arzt auf und fragte mit bebender Stimme: »Werde ich jetzt gleich sterben?«

Weil er so jung war, hatte er den Arzt missverstanden; er dachte, er würde all sein Blut spenden müssen.

»Ja, ich habe Mut gelernt«, fügte sie hinzu, »weil ich inspirierende Lehrer hatte.«

Nein wirklich, die Metapher »Satan« hat ausgedient. Aber die Metapher »Engel« könnte uns durchaus noch beschäftigen. Solange es Menschen gibt, die in der Engel Fußstapfen wandeln (und seien es Fünfjährige), dürfen wir – den verrücktesten Zeitströmungen zum Trotz – voller Vertrauen in die Zukunft schauen. »Future despite all« sei der Slogan der nächsten Generation!

Die Schatten der Angst

Als Psychologin habe ich mich in Tausenden von Beratungsstunden mit dem Thema »Mut« und dessen psychischem Gegenpol, der »Angst«, auseinander gesetzt. Es ist phänomenal, wozu sich Menschen aus lauter Angst hinreißen lassen. Hätte der Baumeister aus der vorherigen Sage dem Teufel geantwortet: »Wozu wetten? Es ist hervorragend, wenn du eine Wasserleitung für die Kölner baust. Möge dir dein Vorhaben recht bald gelingen!«, hätte er sich jede weitere Aufregung erspart. (Hätte im Kontrast dazu der fünfjährige Junge aus Millmanns Kurzgeschichte seiner Angst nachgegeben, wäre seine Schwester gestorben.)

Angst steckt hinter den meisten Ekelhaftigkeiten, die Menschen austeilen. Das fängt schon damit an, dass sie sich schützend abgrenzen, bevor ihr Gegenüber überhaupt eine Grenzüberschreitung begangen hat. »Glaube ja nicht, dass ich andauernd auf dein Baby aufpassen werde!«, beißt die werdende Oma, bevor ihre Tochter sie um Hilfe gebeten hat. »Ich kann Ihnen in der Kürze der Zeit unmöglich einen kompletten Einblick in die Materie verschaffen«, erklärt der Vortragende langatmig und vergeudet damit

10 Minuten seiner beschränkten Redezeit. Viele Menschen investieren eine Menge Energie, um zu beteuern, was alles *nicht* geht, was man von ihnen *nicht* erwarten darf, und was sie *nicht* gewillt sind zu tun. Ein freundlicheres Klima entstünde, wenn sie ihre Aussagen positiv formulieren würden, zum Beispiel im Fall der werdenden Oma: »Gerne kann ich hin und wieder auf dein Baby aufpassen«, oder im Fall des Vortragenden: »Ich werde jetzt die wesentlichen Punkte für Sie herausgreifen.«

Nackte Angst steht auch oft im Hintergrund, wenn sich Menschen brutal benehmen. Die Skala reicht vom Mobbing über die Verleumdung bis zum totalen Im-Stich-Lassen engster Freunde, sobald es um die eigene Haut geht. Bei einer Eheberatung weinte einmal die Ehefrau hemmungslos bei mir. Warum? Sie und ihr Mann hatten eine Radtour unternommen. Sie war vorausgefahren und hatte vor einer tiefen Rinne notgebremst. Er hatte nicht schnell genug reagiert und war in sie hineingefahren. Sie war vom Rad gestürzt. Er war abgesprungen und hatte sich – über ihr am Boden liegendes Fahrrad gebeugt, um zu prüfen, ob es beschädigt sei. Dann erst hatte er sich nach ihr umgesehen ... Das Ereignis gedieh fast zum Scheidungsgrund! Als ich mit dem Ehemann sprach, gestand er zerknirscht, dass er beim Zusammenprall in eine derartige Panik geraten war, dass er eventuelle Verletzungen seiner Frau zu sehen nicht ertragen hätte. Erst nach einer »Verlegenheitsuntersuchung« ihres Fahrrades hatte er sich so weit gefangen, dass er sich ihr zuzuwenden vermochte.

Was wie eine fadenscheinige Ausrede klingt, war echt: Die Angst vor einer unangenehmen Wahrheit hatte den Ehemann verleitet, seinen Kopf (zwar nicht in den Sand, aber) in ein Blechgestell zu stecken. Als ich dies seiner Ehefrau klarlegte, und sie verstand, dass sie für ihren Mann »nicht weniger wert war als ein Fahrrad«, verzieh sie ihm.

In der Weisheitsgeschichte »Die Schattenwölfe« von Roland Kübler wird der Abenteurer Dalan mit seinen überflüssigen Ängsten konfrontiert. Er entdeckt, dass sie ihn umso zäher verfolgen, je wilder er vor ihnen flieht. Aber noch Ungeheuerlicheres entdeckt er, nämlich, wie er sie dazu bringen kann, *vor ihm zu fliehen.* Luchsen wir ihm sein Rezept ab:

Die Schattenwölfe[12]

Dalan, der Abenteurer, wusste aus alten Legenden, dass die Schattenwölfe eine Spur, die sie einmal gewittert hatten, niemals wieder verloren. Gegen sie half keine Waffe – sie hetzten ihre Opfer durch eine lautlose Jagd in den Tod.

Dalan lief so schnell er konnte, doch das Rudel der Schattenwölfe rückte in großen Sätzen näher. Lange würde er nicht mehr durchhalten können. Er strauchelte. Schrie. Er stürzte hart auf einen Stein. Hilflos suchte er seinen Kopf mit den Armen zu schützen. Jeden Moment mussten die Schattenwölfe über ihn herfallen und ihre Reißzähne in seinen Leib schlagen. Er hielt den Atem an. Doch nichts geschah. Vorsichtig richtete er sich ein wenig auf. Kaum drei Armlängen von ihm entfernt saßen die Schattenwölfe und starrten ihn an. Ihre schemenhaften Körper zitterten leicht. Fast unmerklich kroch Dalan ein Stück weiter. Die Wölfe kauerten sich zusammen und beobachteten ihn. Dalan stand auf und ging – die Wölfe im Auge behaltend – einige

Schritte. Das Rudel erhob sich. Mit einem Ruck drehte sich Dalan um und rannte los. Bald waren die Schattenwölfe wieder dicht hinter ihm. Dalan lief langsamer. Die geifernden Wölfe kamen nicht näher.

Als Dalan vor sich einen Lichtschein sah, atmete er erleichtert auf. Schattenwölfe scheuen das Licht, so viel wusste Dalan. Ein kühler Lufthauch ließ ihn zurückschrecken. Zögernd tastete er sich weiter, bis er merkte, dass der Höhlengang abrupt abbrach. Lockend winkte ihm das warme Licht von der anderen Seite des Spaltes. Entsetzt schüttelte sich Dalan. Wäre er in schnellem Lauf vor den Schattenwölfen geflüchtet, läge er jetzt zerschmettert auf dem Grund dieser Höhle.

Die Wölfe lauerten dicht hinter ihm, kamen aber nicht näher. Entschlossen ging Dalan einen Schritt auf sie zu. Unruhig bewegten sich die mächtigen Köpfe. Dalan ging weiter auf sie zu. Die Schattenwölfe drückten sich aneinander. Dann drehten sie sich langsam um und schlichen, die Körper flach an den Höhlenboden gepresst, davon. Als Dalan ihnen mit festen Schritten nachsetzte, flohen die Schattenwölfe in die Dunkelheit des Ganges ...

Zur Verdeutlichung der Botschaft fügte Roland Kübler am Schluss hinzu:

Die Schattenwölfe sind das Gesicht deiner Angst, Fremder. Sie können dich nur hetzen und jagen. Niemals anfallen und beißen. Wenn du sie ansiehst und auf sie zugehst, sind sie machtlos. So, wie viele Ängste klein werden, wenn du ihnen ins Gesicht schaust ...

Ein wahrhaft blendendes Rezept, das auf wissenschaftlicher Ebene von Viktor E. Frankl unter dem Namen »Methode der Paradoxen Intention« für den psychotherapeutischen Bereich fruchtbar gemacht worden ist[13]. Man soll Unannehmlichkeiten nicht krampfhaft ausweichen, sondern sie zügig verändern, wo dies möglich ist, sie tapfer aushalten, wo dies nötig ist, und ihnen keinerlei Chance geben, einen in Unbedachtsamkeiten oder gar Lieblosigkeiten hineinzutreiben. Wer, anstatt zu dramatisieren, auf das Gefürchtete zugeht, befreit sich von den Schattenwölfen und wird frei für ein Leben in Gelassenheit und unbeschwerter Herzlichkeit. Er sitzt buchstäblich im warmen Licht auf der anderen Seite des Spaltes, zwar mit dem Gesicht zur Höhle, aber unbehelligt von ihrer Finsternis.

Vermächtnis und Wunsch

Da es für die seelische Stabilität so wichtig ist und fast nur seelisch stabile Menschen hinreichend gelöst sind, die Fußstapfen der »Engel« zu finden bzw. die »Leichtfüßigkeit« besitzen, ihnen zu folgen, möchte ich das vorhin besprochene Rezept um ein »Vermächtnis« und um einen »Wunsch« ergänzen.

Das Vermächtnis ist alt und supergültig. Es wurde im Jahr 1647 in eine Marmortafel in der St.-Pauls-Kirche zu Baltimore eingraviert. Sein Autor ist unbekannt. Sein Inhalt jedoch könnte in jeder psychosomatischen Klinik neben Pillen und Tropfen an die Patienten ausgehändigt werden. Vielleicht wäre er sogar bekömmlicher als die Pillen und Tropfen.

Vermächtnis

Gehe gelassen mitten durch Lärm und Hast dieser Zeit und sei dir bewusst, was für ein Frieden in der Stille sein kann. Versuche mit allen Menschen so weit wie möglich gut auszukommen, jedoch ohne dass du dich selber verrätst. Sage deine Wahrheit ruhig und klar und höre den anderen zu, denn selbst auch die Törichten und Unwissenden haben ihre Argumente. Meide laute und aggressive Menschen; denn sie sind eine Verwirrung für deinen Geist. Schaue nicht neidisch auf andere, sonst könntest du eitel und bitter werden; denn da werden immer Menschen sein, die mehr oder weniger sind und haben als du. Freue dich darüber, was du erreicht hast, ebenso über deine Pläne. Bleibe an deinem Fortkommen interessiert, bleibe aber bescheiden. Das Fortkommen ist ein wirklicher Besitz im Wechselspiel der Zeiten.

Sei sorgfältig in deinen Geschäftsangelegenheiten; denn die Welt ist voller Hinterhältigkeit, aber lasse dich dadurch nicht blind machen für Menschen und Tugenden. Viele Menschen kämpfen für hohe Ideale und überall ist das Leben voller Heldentum.

Sei du selbst. Besonders täusche keine Zuneigung vor. Sei auch nicht zynisch über die Liebe; denn angesichts der Trockenheit und Enttäuschung des Lebens ist die Liebe wichtig wie das grüne Gras. Nimm den Rat der Jahre freundlich auf und gib dankbar die Dinge der Jugend weiter. Die gewachsene Kraft des Geistes bewahrt dich, wenn du plötzlich ins Unglück gerätst, aber quäle dich nicht mit Trugbildern. Viele Ängste werden durch Müdigkeit und Einsamkeit geboren.

Neben einer guten Disziplin sei gütig mit dir selbst. Du bist ein Kind des Universums, nicht weniger als die Bäume und Sterne. Du hast das Recht, da zu sein. Ob es dir klar ist oder nicht, das Universum entwickelt sich ohne Zweifel so, wie es soll. Deshalb lebe in Frieden mit Gott, was immer du denkst oder du dir vorstellst, wer Er sei, und was immer deine Bestrebungen auch sind in dem lauten Durcheinander des Lebens.

Halte Frieden mit deiner Seele. Bei all den Belastungen, dem Kampf und den zerbrochenen Träumen ist es doch eine wunderbare Welt. Sei wachsam. Versuche mit all deiner Kraft, das Glück zu erspüren.

Nun, das ist eine geballte Ladung »Krisenprävention«! Jeder einzelne Satz des Vermächtnisses könnte die Quintessenz eines langen Kapitels über moderne Psychohygiene sein. Picken wir nur einige Tipps heraus:

... höre den anderen zu, – unerlässlich für Partner und Freunde!
... lasse dich nicht blind machen für Menschen und Tugenden, – unerlässlich für Kollegen!
... gib dankbar die Dinge der Jugend weiter, – unerlässlich für Eltern und Großeltern!
... versuche das Glück zu erspüren, – unerlässlich für jedermann!

Stellte man mir die provokante Frage, ob seit 1647 entscheidende Einsichten in der Lebenskunde dazugewonnen worden sind, müsste ich stumm den Kopf schütteln. Nicht, dass ich wüsste. Was ich allerdings weiß, ist, dass wir uns alle miteinander seit 1647 immer noch abstrampeln, dieses Vermächtnis in die Praxis umzusetzen. Doch da »sich das Universum ohne Zweifel so entwickelt wie es soll« – worauf auch ich vertraue –, wird unser Mühen nicht vergebens sein.

Zu Roland Küblers blendendem Rezept zur Befreiung von den Schatten der Angst und zum Vermächtnis von Baltimore mit seinen Supertipps möchte ich als Drittes ein Heilmittel zugesellen, das die heutzutage häufig zitierte Vulnerabilität, also die seelische Verwundbarkeit von Menschen in hohem Maße reduziert. Es ist keine Tugend»dame«, sondern diesmal ein »Herr«: der »Humor«, der sich aber auch, ähnlich wie die »Damenpaare«, mit großer Anhänglichkeit einem anderen Tugend»herrn« anschließt: dem »Mut«. Hätte Dalan aus Küblers Weisheitsgeschichte beide »Herren« (sozusagen Arm in Arm) zu Hilfe gerufen, das heißt, hätte er seinen Ängsten nicht nur mutig ins Gesicht gesehen, sondern gar ins Gesicht *gelacht*, wären die Schattenwölfe flugs verschwunden. Sie hätten nicht einmal mehr Zeit gehabt, mit ihren Leibern am Boden in die Höhle zurückzukriechen.

Das Gedicht »Ich wünsch' dir Humor« von Elli Michel richtet sich an den Dalan, der in uns allen steckt; und es gibt nur wenige Wünsche, die nützlicher sind als ihrer.

Ich wünsch' dir Humor[14]

Mancherlei Wünsche wachsen für dich
aus meinem Denken empor.
Aber die meisten erübrigen sich
neben dem einen: Ich wünsch' dir Humor!

Humor muss man haben. Das Lachen allein
darf nicht Freude am Schaden der anderen sein.
Ich wünsch' dir Humor – und nicht bloß Ironie.
Humor hängt zusammen mit Philosophie.

Humor ist nichts Derbes, verursacht von Witzen,
nichts Lautes, das lärmend geschieht.
Ich wünsch' dir, ein Quäntchen Humor zu besitzen.
Humor muss verwurzelt sein tief im Gemüt.

Ich wünsch' dir Humor. Nur wer Traurigsein kennt,
mag sein Geheimnis erfahren:
Was man das Lächeln aus Tapferkeit nennt,
will der Humor offenbaren.

Ich wünsch' dir Humor, den es gilt zu beweisen,
sonst bleibst du bei allem Gescheitsein ein Tor,
Humor als das funkelnde Steinchen der Weisen
am Weg zur Versöhnung. Ich wünsch' dir Humor!

Siehe da, das »Herrenpaar« flirtet mit zwei edel geschmückten »Damen«: der »Weisheit« und der »Versöhnung«! Na ja, wie das bei Herren so ist ...

Ein Bruder und ein Sohn

Das Stichwort »Flirt« führt uns zum roten »Liebesfaden« dieses Buches zurück. Wir sind beim Dokument einer großartigen geschwisterlichen Liebe (des fünfjährigen Blutspenders) stehen geblieben und haben dann auf Umwegen exzellente Heilsrezepte gesammelt. *Umwege erhöhen die Ortskenntnis*, wie man in der Psychotherapie den Patienten zu vermitteln pflegt. In unserem Fall haben die Umwege vielleicht die Erkenntnis geschärft, dass die Liebe das Selbst unendlich übersteigt und dennoch erfüllend und beglückend ins Liebesgeschehen mit hineinnimmt. Abwägungen nach dem Motto »Ich oder Du?«, »Egoismus oder Altruismus?« sind der Liebe völlig fremd. Sie liebt ein »Du« und krönt ein »Wir«.

Knüpfen wir zur Demonstration des Gesagten nochmals bei der geschwisterlichen Liebe an und lassen wir uns vom Amerikaner Dan Clark die Geschichte zweier Brüder berichten.

Ein Bruder wie er[15]

Einer meiner Freunde namens Paul bekam von seinem Bruder ein Auto als Geburtstagsgeschenk. Als Paul an seinem Geburtstag aus seinem Büro kam, ging ein Straßenjunge um das glänzende, neue Auto herum und bewunderte es. »Ist das Ihr Auto, Mister?«, fragte er.

Paul nickte. »Mein Bruder hat es mir zum Geburtstag geschenkt.« Der Junge war sehr erstaunt. »Sie meinen, Ihr Bruder hat es Ihnen gegeben, und es hat Sie nichts gekostet? Himmel, ich wünschte ...« Er zögerte.

Natürlich wusste Paul, was sich der Bursche wünschen würde. Er würde sich wünschen, er hätte so einen Bruder. Doch was der Junge sagte, erschütterte Paul bis ins Mark. »Ich wünschte«, fuhr der Junge fort, »dass ich so ein Bruder sein könnte wie er.«

Paul blickte den Jungen erstaunt an, dann fügte er impulsiv hinzu: »Möchtest du gern mal in meinem Auto mitfahren?«

»Oh ja, das würde ich sehr gern.«

Nach einer kurzen Fahrt wandte sich der Junge mit glühenden Augen um und fragte: »Mister, macht es Ihnen etwas aus, vor mein Haus zu fahren?« Paul lächelte ein wenig. Er dachte, er wüsste, was der Bursche wollte. Er wollte seinen Nachbarn zeigen, dass er in einem mondänen Auto nach Hause gebracht wurde. Aber Paul irrte sich nochmals.

»Halten Sie an, wo diese beiden Stufen sind?«, bat der Junge. Er lief die Stufen hoch. Dann, nach einer Weile, hörte Paul ihn zurückkommen, aber der Junge kam nicht schnell. Er trug seinen kleinen verkrüppelten Bruder. Er setzte ihn auf der untersten Stufe ab, dann drückte er sich gegen ihn und zeigte auf das Auto.

»Da ist es, Kumpel, genau wie ich dir's oben gesagt habe. Sein Bruder hat es ihm zum Geburtstag geschenkt, und es hat keinen Cent gekostet. Und eines Tages gebe ich dir genauso eines ... dann kannst du all die schönen Sachen in den Schaufenstern selber sehen, von denen ich dir erzählt habe.«

Paul stieg aus und hob das behinderte Kind auf den Vordersitz seines Autos. Der ältere Bruder mit den glühenden Augen kletterte neben ihn, und die drei begannen eine unvergessliche Rundfahrt.

Es ist müßig, diesen Bericht zu interpretieren. Er erschüttert nicht nur den Akteur Paul bis ins Mark. Ein Straßenkind in den Fußstapfen der »Engel« ist schon etwas Besonderes! Das zusätzlich Besondere an diesem Bericht aber ist das Faktum, dass sich drei Personen gleichzeitig wohl fühlen. Anfangs ist Paul noch von trüben Gedanken besetzt: »Der Bengel neidet mir den Wagen! Der Bengel will auf meine Kosten vor den Nachbarn protzen!« Auch der Junge mag beim Gewahrwerden des Autos trüben Gedanken nachgehangen sein: »Werde ich dergleichen meinem Bruder jemals bieten können? Werde ich ihn jemals in einem solch schicken Wagen herumkutschieren dürfen?« Von trüben Gedanken des verkrüppelten Kindes, das allein zu Hause saß und wartete, hören wir zwar nichts, doch sind sie unschwer vorstellbar. Und plötzlich löst sich alles Trübe wie Nebel in der Sonne auf. Paul kurvt durch sein Samariterglück, die Augen des Jungen glühen, und der kleine Bruder sieht sich an den bunten Schaufenstern satt. Was zählt es, ob die Rundfahrt 10, 30 oder 60 Minuten gedauert hat? Unvergesslich geworden, hat sie die Schwelle zur Ewigkeit übersprungen.

Wie gesagt – die Liebe liebt ein »Du« und krönt ein »Wir«.

Wechseln wir jetzt von der geschwisterlichen Liebe zur Kindesliebe. In Anthony de Mellos Shortstory »Der fremde Sohn« geht es um eine Sohn-Vater-Beziehung. Diese ist auf mysteriöse Art unrichtig und goldrichtig, falsch und echt in einem. Sohn oder Tochter wird man nicht einfach durch die elterliche Genmixture, der man sein »Existenzminimum« (Frankl) verdankt. Sohn oder Tochter wird man auch nicht durch den Geisteshauch, der das »Existenzminimum« zum »Existenztotum« (Frankl) aufstockt. In diesem human-divinen Doppelakt wird man *Person*. Den Namen Sohn oder Tochter muss man sich aber erst noch erwerben. Erwerben in einem noblen Rückgabe-Doppelakt gegenüber den Eltern, nämlich in der Vergebung ihrer Erziehungssünden und in der Belobigung ihrer Erziehungsleistungen. Wer seinen Eltern nie verziehen hat, wer ihnen nie gedankt hat, ist nie Sohn oder Tochter gewesen.

Insofern beschreibt Anthony de Mello in seiner Shortstory einen echten Sohn.

Der fremde Sohn[16]

Ein Soldat wurde eilends von der Front zurückgerufen, weil sein Vater im Sterben lag. Der Soldat erhielt eine Sondergenehmigung, denn außer ihm hatte sein Vater keine Familienangehörigen mehr.

Als der Soldat die Intensivstation betrat, erkannte er sofort, dass dieser halb bewusstlose Mann mit Schläuchen in Mund und Nase nicht sein Vater war. Irgendjemand hatte sich geirrt und den falschen Soldaten von der Front geholt.

»Wie lange wird er noch leben?«, fragte er den Arzt.

»Nur noch ein paar Stunden. Sie haben es gerade geschafft.«

Der Soldat dachte an den Sohn des sterbenden Mannes, der, Gott weiß wo, Tausende von Meilen entfernt an der Front war. Er dachte an den alten Mann, der nur in der Hoffnung am Leben geblieben war, dass er seinen Sohn noch einmal sehen

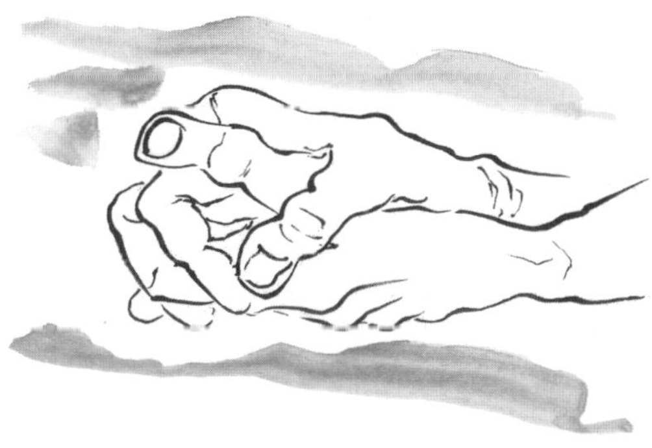

würde, ehe er starb. Das bestimmte seinen Entschluss. Er beugte sich vor, ergriff die Hand des alten Mannes und sagte leise: »Vater, ich bin da. Ich bin zurück.«

Der Sterbende umklammerte die hingestreckte Hand; seine leeren Augen öffneten sich und blickten umher; ein zufriedenes Lächeln ging über sein Gesicht und blieb dort, bis er etwa eine Stunde später starb.

Manchmal werden Verzeihung und Dank wortlos in einen Händedruck gelegt. Manchmal – in seltsamen Momenten – werden sie sogar stellvertretend für einen anderen gespendet. Wie dem auch sei, selig die Eltern, die solches erleben dürfen! Und selig die Kinder, die sich dazu durchringen! Ihnen ist seit über 3000 Jahren »Wohlergehen auf Erden« verheißen.

Verfälschte Erinnerungen

Was echt und was falsch ist, ist eine stets spannende Frage. Zum Beispiel steht im Vermächtnis von Baltimore geschrieben: »... täusche keine Zuneigung vor.« Hat der Soldat aus Anthony de Mellos Shortstory nun dem Sterbenden Zuneigung vorgetäuscht? Ich würde das verneinen. Hätte er keine Zuneigung zu dem alten Mann, zu dessen unbekanntem Sohn an der Front und letztlich auch zu seinem eigenen Vater empfunden, hätte er sein barmherziges Werk nicht zustande gebracht. Gerade letzterer Punkt ist psychologisches Allgemeinwissen. Wer ungelöste Konflikte mit seinen eigenen Eltern hat, der schont fremde Eltern nicht. Zumindest müsste er sich diesbezüglich sehr fest unter Kontrolle haben.

Übertragungen können unter Anstrengung noch vermieden werden, doch gibt es Areale des Seelenlebens, in denen unsere Kontrollmöglichkeit gegen Null sinkt. Werden in sie Verfälschungen eingepflanzt, sind wir diesen ziemlich ausgeliefert. Wahres kann dann von Täuschung nicht mehr unterschieden werden. Eines jener Areale ist unser Gedächtnis. Es ist kein geordnetes »Archiv«, sondern ein »Apparat«, der ununterbrochen gegenwärtige

Informationen in unser bisheriges Erinnerungsvolumen einspeist (encodiert) und vergangene Informationen, die für die Gegenwart unerheblich dünken, aussortiert. Werden ihm – irrtümlich oder gezielt – falsche Informationen geliefert, speist er sie ebenso ein und verfälscht damit das gesamte Erinnerungsvolumen.

Eine der renommiertesten Forscherinnen auf dem Gebiet des menschlichen Gedächtnisses ist Elizabeth F. Loftus, Professorin für Psychologie und Jura an der Universität von Washington in Seattle und ehemalige Präsidentin der »American Psychological Society«. Ihre Studien an Hunderten von Zeugenaussagen sowie ihre Aufsehen erregenden Experimente mit Versuchspersonen haben die Zunft der Psychoanalytiker irritiert aufhorchen lassen und glücklicherweise vielerorts ein krasses Umdenken eingeleitet. Weil ihre Resultate unter anderem die Gefahr der (ungewollten) systematischen Zerstörung von Kindesliebe durch professionelle Helfer zu bannen vermögen, seien hier Auszüge aus einem Artikel von ihr wiedergegeben.

Falsche Erinnerungen[17]

In Missouri wurde Beth Rutherford 1992 von einem kirchlichen Berater darin bestärkt, ihr Vater – ein Pastor – hätte sie im Alter zwischen 7 und 14 Jahren regelmäßig vergewaltigt; die Mutter sollte manchmal mitgeholfen haben, indem sie die Tochter festhielt. Unter Anleitung des Therapeuten erinnerte sich Beth Rutherford, dass ihr Vater sie zweimal geschwängert und dann gezwungen hätte, den Embryo eigenhändig mit einem Kleiderbügel aus Draht abzutreiben. Als die Vorwürfe publik wurden, musste der Vater von seinem geistlichen Amt zurücktreten.

Später ergab eine medizinische Untersuchung, dass Beth Rutherford im Alter von 22 Jahren noch immer Jungfrau war und niemals schwanger gewesen sein konnte. Sie verklagte den Therapeuten und erhielt 1996 eine Million Dollar Schadenersatz.

Geld ist natürlich ein wohltuendes Trostpflaster. Aber kann es den kaputten Leumund des Pastors kurieren? Kann es das Verhältnis zwischen Vater und Tochter kitten? Kann es die Selbstvorwürfe der jungen Frau neutralisieren? Kann es ruinierte Liebe reaktivieren? Ich zweifle daran. Elizabeth F. Loftus fährt in ihrem Artikel fort:

Setzt man Zeugen eines Geschehens nachträglich neuen und irreführenden Schilderungen desselben Geschehens aus, so werden ihre Erinnerungen daran verzerrt. Zum Beispiel beobachteten Versuchspersonen einen simulierten Autounfall an einer Kreuzung mit Stoppschild. Nach Betrachten der Szene wurde der Hälfte der Versuchspersonen eingeredet, das Verkehrszeichen sei ein Vorfahrtsschild gewesen; als man sie später danach fragte, behaupteten sie relativ häufig, eben dieses gesehen zu haben. Die übrigen – nicht absichtlich fehlinformierten – Versuchspersonen erinnerten sich genau an das Stoppschild.

Meine Studenten und ich haben inzwischen über 200 Experimente mit mehr als 20.000 Teilnehmern durchgeführt. Die Versuchspersonen meinten, sich an eine auffällige Scheune in einer Gegend zu erinnern, in der es überhaupt keine Gebäude gab, an zerbrochene Gläser und Kassettenrekorder, die man ihnen gar nicht gezeigt hatte, an ein weißes Fahrzeug, obwohl sie vor einem blauen gestanden hatten usw.

Fehlinformationen können unsere Erinnerungen gründlich verzerren – indem wir mit anderen Menschen über unsere Erinnerungen sprechen, von ihnen suggestiv befragt werden, oder indem wir in den Medien auf ausgeschmückte Berichte über Ereignisse stoßen, die wir selbst miterlebt haben. Meistens entstehen Gedächtnistäuschungen durch eine Kombination echter Erinnerungen mit andersartiger fremder Beeinflussung. So kann sich eine als angenehm erinnerte Strandwanderung mit Vater und Großvater zu einem von Furcht oder Verlorensein geprägten Kindheitserlebnis verzerren, wenn jemand, etwa ein naher Verwandter, dies suggeriert.

Das Wachrufen lediglich suggerierter Kindheitserlebnisse wird mit der Zeit immer leichter, weil dem Betreffenden im gemeinsamen Gespräch die Einzelheiten vertrauter werden und die Quelle seiner Desinformation in Vergessenheit gerät. Der amerikanische Forscher Ira Hyman konfrontierte Versuchspersonen nicht nur mit mehreren wirklichen (= von Verwandten verbürgten) Ereignissen im frühen Kindesalter, sondern auch mit einem peinlichen Vorfall, der frei erfunden war: Sie hätten als Kind auf einer Hochzeitsfeier eine Schüssel voll Punsch über die Kleidung der Brauteltern verschüttet. Beim ersten Interview akzeptierte kein einziger Teilnehmer den fingierten Bericht als zutreffend; doch in zwei späteren Interviews meinten zunächst 18 und dann sogar 25 Prozent, sich an den Vorfall doch zu erinnern.

Im normalen Alltag mögen uns die geschilderten Effekte wenig bekümmern. Doch hat in unserer modernen Gesellschaft laut Statistik rund ein Fünftel der Bevölkerung irgendwann Kontakt mit einem Psychotherapeuten. Und in der Psychotherapie ist die Freud'sche Devise, wonach hauptsächlich »verdrängte« Kindheitstraumen erinnert und nachträglich »aufgearbeitet« (= beweint, beklagt und den Verursachern zur Last gelegt) werden müssen, noch nicht vom Tisch. Elizabeth F. Loftus erkennt das Problem kristallklar:

> Überblicksstudien zur Methodik klinischer Psychologen ergeben, dass ca. 33 Prozent von ihnen die Patienten anweisen, der Fantasie völlig freien Lauf zu lassen. Wendy Maltz z. B. plädiert in einem in den USA äußerst populären Buch[18] dafür, den Patienten zu sagen: »Nehmen Sie sich Zeit für die Vorstellung, man habe Sie missbraucht, ohne sich den Kopf darüber zu zerbrechen, ob es so stimmt oder nicht ... Fragen Sie sich: Welche Tageszeit ist es in Ihrer Vorstellung? Wer könnten die Täter sein?«
>
> Weil solche Fantasieübungen immer häufiger eingesetzt werden, begannen mehrere Kollegen und ich über die Konsequenzen nachzudenken. Aus unseren Experimenten über Gedächtnisverfälschungen geht eindeutig hervor, dass das bloße Sich-Ausmalen eines Ereignisses die Überzeugung stärkt, dieses habe in Wahrheit stattgefunden. Was ist also, wenn sich jemand im psychotherapeutischen Gespräch Kindheitsereignisse ausfantasiert, die er nie gehabt hat, an die er aber schließlich glaubt? Ohne Bestätigung durch zusätzliche Fakten vermag selbst der erfahrenste Gutachter oder Therapeut echte Erinnerungen nicht von suggerierten bzw. ausgemalten zu unterscheiden ... Deshalb sollten Psychotherapeuten stets beden-

> ken, wie stark sie das Gedächtnis ihrer Klienten beeinflussen können und wie dringend Zurückhaltung gerade in Situationen geboten ist, in denen man vermeintlich verdrängte Geschehnisse durch freies Schweifen der Einbildungskraft zutage zu fördern versucht.

Bravo, Frau Loftus, das ist eine kluge Mahnung! Darf ich zum angeschnittenen Problem noch eine weitere Facette beisteuern? Im Suggestivauftrag von Wendy Maltz, sich intensiv vorzustellen, wer eventuelle Täter aus der eigenen Kinder- und Jugendzeit sein könnten, ist die Zerstörung der Kindesliebe perfekt vorprogrammiert. Denn wer sollen die Täter schon sein? Väter und Mütter, Mütter und Väter; gelegentlich ein Opa, eine Oma, ein Onkel oder eine Tante. Selbst die peinliche Episode mit dem verschütteten Punsch (die nie stattgefunden hat, sondern nur experimentell im Gedächtnis der Versuchspersonen verankert worden ist), kann die Einbildung anregen, man sei damals als Kind bestraft oder ausgelacht worden – von wem wohl? Von den Eltern!

Niemand unterstelle mir, dass ich Erziehungspersonen generell von ihren Fehlern freisprechen möchte. Wie in allen Gruppen, gibt es auch unter ihnen Schurken und Scheusale. Doch kann jeder – auch ohne therapeutische Nachhilfe – gewiss sein, dass er an ihm begangene Verbrechen echter Täter nicht vergessen hat, und dass er nicht anders damit zurande kommen wird, als sie in einem langen und schwierigen Prozess *dennoch* zu vergeben. Was hingegen vergessen ist, soll ruhen. Wer den Schleier lüftet, den die Natur über Vergessenes ausgebreitet hat, der riskiert Irrtümer, die gewachsene Liebesbande irreparabel durchschneiden können.

Psychologischer Irrwitz

Dazu ein Beispiel aus meiner Praxis:

Fallgeschichte[19]

Die Patientin litt an einem so genannten »Reizkolon«, was ihr bei Aufregungen unangenehme Durchfälle bescherte. Ihr Internist hatte sie zu einem Psychotherapeuten geschickt, der nach traditioneller Art ihre Kindheit aufrollte, um ein Symptom erklärendes Trauma zu finden. Und er wurde in der Tat fündig. Im Alter von sechs Jahren hatte die Patientin ihren Vater verloren, an dem sie mit großer Zuneigung gehangen hatte. Sie gab an, dass sie so sehr mit ihrem Vater verbunden gewesen sei, dass sie zur Stunde, als er im Krankenhaus verstarb, zu Hause grundlos in Tränen ausgebrochen sei, von einer bedrängenden inneren Ahnung ergriffen.

Auf dieser Aussage aufbauend, eröffnete ihr der Psychotherapeut, dass sie, der Psychologie des Kindes gemäß, damals eine massive Wut auf ihren Vater empfunden haben musste, weil der sie allein ließ und plötzlich nicht mehr als Spielkamerad zur Verfügung stand. Diese Wut habe sie verdrängt und in sich aufgestaut, was zu ihrer heutigen Krankheit geführt habe. Zur Heilung schlug der Psychotherapeut vor, die Patientin solle sich gedanklich nochmals in ihre Kindheit zurückversetzen und ihre ganze Enttäuschung und Wut über den Vater hinausbrüllen, um dadurch ihr Trauma aufzuarbeiten. Aber auch nachfolgende acht Monate »Schreitherapie« änderten nicht das Geringste am Befund eines Reizkolons bei der Patientin, weshalb sie schließlich die Therapie aufgab und bei mir Rat suchte.

Nachdem ich die Vorgeschichte der Patientin gehört hatte, schien es mir das Erste und Wichtigste zu sein, zu verhindern, dass sich ein neues Trauma bei der Patientin bildete, diesmal nicht im Seelischen, sondern im Geistigen: eine Fehlinterpretation des Menschseins schlechthin. Denn Menschsein greift immer in irgendeiner Form über sich hinaus und begnügt sich nicht damit, sich selbst – brüllend oder nicht-brüllend – zum Ausdruck zu bringen. Wahres Menschsein fragt nach sich-selbst-übergreifenden Werten, in dessen Dienst es sich stellen möchte, und nicht bloß nach egozentrischen Wünschen, in Bezug auf die es be-dient werden will.

Deshalb sagte ich zu der Patientin: »Ich teile die Auffassung des Kollegen nicht. Wenn Sie wirklich als Kind innerlich so eng mit Ihrem Vater verbunden gewesen sind, wie Sie es schildern, dann haben Sie zum Zeitpunkt seines Todes ganz genau gespürt, dass er Sie nicht verlassen *wollte*, sondern dass das Schicksal ihn von Ihnen wegriss, wodurch er nicht mehr für Sie da sein konnte, zumindest physisch; und dass daher keinerlei

Grund zu einer Wut auf Ihren Vater vorlag. Es kann sein, dass Sie als Sechsjährige den Krankenhausaufenthalt und das Sterben Ihres Vaters nicht verstehen konnten und an dem Unverstehbaren litten. Aber wenn zwischen ihm und Ihnen ein echtes Band der Liebe bestand, dann fühlten und ahnten Sie, dass diese Liebe nicht mit dem Hinscheiden Ihres Vaters verging, genauso, wie Sie sein Hinscheiden selbst fühlten und ahnten. Ja, dann besteht diese Liebe bis auf den heutigen Tag, und es ist nicht anzunehmen, dass Ihre Krankheit auf eine verdrängte Wut zurückgeht.«

Die Patientin wischte sich ein paar Tränen aus den Augenwinkeln und gestand erleichtert, dass sie längst alles Herumgeschreie als ein Unrecht empfunden habe, weil sie – wie ich vermutet hatte – ihrem Vater immer noch ein liebes Gedenken bewahrte.

Was aber ihr Leiden betraf, so stellte sich heraus, dass in der Familie ihres Vaters eine ausgesprochene Erbdisposition in Richtung Darmprobleme vorlag, und schon die Großmutter des Vaters, also die Urgroßmutter der Patientin, wegen abrupt aufgetretener Durchfälle bei ihrer eigenen Hochzeit mehr ab- als anwesend gewesen sein soll, was man sich noch nach Jahrzehnten in der Familie schmunzelnd erzählte.

Das Beispiel ist nicht nur wegen der Schlusspointe interessant. Es spiegelt einen »kindeslieblosen« Trend unserer Zeit wider, der von einer einseitigen Psychologie geschürt worden ist. Was mit den Kindern nicht stimmt, haben deren Eltern falsch gemacht, und sei es, dass sie gewagt haben, zum unpassenden Zeitpunkt zu sterben! Übersehen wird, dass Eltern nicht an allem Schuld sind, weil die vielfältigsten Einflüsse auf ihre heranwachsenden Kinder einströmen. Übersehen wird auch, dass die Kinder selbstständig etwas aus sich gestalten, und ihre »Erzeuger« lediglich das Handwerkszeug dazu liefern.

Man lasse sich daher vom Gespenst der Verdrängungslehre nicht bluffen – nicht jede Selbstbeherrschung ist eine Verdrängung! Nur Tiere beherrschen sich nicht, sie berücksichtigen nichts, sie verantworten nichts. Kinder aber sind keine Tiere. Sie haben zutiefst in sich angelegt ein menschliches Gewissen, das sein Veto einlegt gegen das flotte Ausleben von Affekten und Aggressionen. Ihr Gewissen spricht die Sprache der Liebe, sonst nichts. So können sie sich zwar auf therapeutischen Couchen den Ärger von der Seele schreien, aber gesunden werden sie erst, wenn sie in dieser und keiner anderen Sprache mit sich selbst und ihren Angehörigen kommunizieren.

Eine mir bekannte Dame hat nach einem langen und quälenden psychoanalytischen Selbsterfahrungstrip ein bewegendes Gedicht verfasst, in dem sie ausformulierte, auf welche Weise sie die »versandete« Quelle der Liebe in sich selbst zurückgewann:

Gedanken zur Selbsterfahrung[20]

Wir sehen in die Tiefe,
Wir suchen auf dem Grund,
Wir woll'n die Seele finden
Und uns're Angst ergründen,
Doch was hält uns gesund?

Das viele Tasten, prüfen,
Macht müde, schwach und klein,
Dort unten ist kein Licht mehr
Und jeder ist allein.

In dieser Tiefe haben
Wir doch das Leid begraben,
Es hilft uns nicht mehr auf.
Verstehen und Ergründen
Kann uns nicht neu entzünden,
Tut keine Quellen auf.

Wir brauchen neue Lichter
Für hellere Gesichter,
Denn wir sind abgebrannt.
Die Quellen sind verschüttet,
Familien sind zerrüttet,
Auf Wegen liegt viel Sand.

Frag nach den guten Stunden:
Wie hab ich's überwunden?
Wann hab ich Glück empfunden?
War ich nicht einmal froh?
Was half an vielen Tagen
Mir Last und Kummer tragen?
Laut will ich es mir sagen
Und hier den Anfang wagen,
Ich mach es wieder so.

Lasst uns die Quellen suchen,
Sie waschen sogar Stein
Voll Frische klar erneuernd
Von allem Dunklen rein.

Wir werden's wieder finden,
Was sprudelnd uns belebt,
Das Tiefste nicht ergründen,
Doch helles Licht anzünden
Und Hass und Angst entbinden,
Weil neue Kraft uns hebt.

Ich möchte dieser Dame aufrichtig gratulieren. Sie hat sich ihre Erinnerungen nicht komplett ins Negative verzerren lassen, und das ist laut Elizabeth F. Loftus und Kollegen eine beachtliche Leistung.

Wenn das Eis bricht …

Wir haben in unserer Synopsis heilender Geschichten mit der partnerschaftlichen Liebe im Frankl'schen Sinne begonnen und sind über tugendliche »Liebespaare«, über liebende Gottesbilder, über die Liebe in der Familie, über die Nächstenliebe und über die geschwisterliche Liebe zur Kindesliebe vorangeschritten. Nur eine »Liebeskategorie« fehlt uns noch, die größte von allen, die wahrhaftig »stärker ist als der Tod«: die *Mutterliebe.* Ihr seien die beiden letzten Geschichten gewidmet. Dass beide Geschichten in der Weihnachtszeit spielen, ist vielleicht kein Zufall. Wurde doch im Weihnachtsereignis – nach christlichem Verständnis – das größte Wunder göttlicher Liebe zu den Menschen in den Schoß einer Mutter gelegt. Somit gipfeln sich in der Symbolik der beiden Schlussgeschichten zwei Größen zeitgleich auf, die miteinander Himmel und Erde zu verbinden vermögen.

Die Geschichte »Die dritte Kerze« von Paul Alverdes, knüpft an das im Vorkapitel kontrovers diskutierte Bemühen professioneller Helfer an, traumageschädigten Personen einen neuen Zugang zum Leben zu ermöglichen. Für die Wirtin aus der Geschichte,

Frau Schmitz, scheint es keinen solchen mehr zu geben. Sie »funktioniert« zwar noch tadellos, aber ihr Herz ist hinter einem Panzer aus Eis erstarrt. Ihre beiden Söhne sind in Russland vermisst. Zwei einsame Kerzen brennen am Christbaum.

Dann erreicht das Weihnachtswunder auch sie. Das Eis bricht, und eine dritte Kerze strahlt auf. Wie das geschehen kann? Nicht per psychotherapeutischer Intervention. Nicht per Empathie eines Fremden. Nicht per Rauslassen aufgestauter Wut und Tränen. Auch nicht per Antidepressiva. Es geschieht – lassen wir uns überraschen!

Die dritte Kerze[21]

(Text gekürzt)

Bei Tage war Heinrich wie ein Erwachsener gekleidet, obwohl er erst halb so groß war. Er trug dann einen steifen Kragen mit einer schwarzen Binde und einen Anzug mit langen Hosen, die ihm bis hoch über die Brust reichten. Das borstige Haar musste er mit Pomade säuberlich festlegen, damit es den Scheitel behielt. Sie war ihm von Frau Schmitz eigens zu diesem Zweck übergeben worden. Frau Schmitz war die Wirtin im Gasthaus »Zur goldenen Kugel« in einer kleinen Stadt am Niederrhein, und Heinrich diente dort als Kellnerlehrling.

Heinrich stammte aus Oderbruch. Wie er hierher geraten war, elternlos und auch ohne Geschwister, ist eine andere Geschichte. Sie ist in den Berichten von ungezählten Flüchtlingen nachzulesen. Jedenfalls hing mit ihr zusammen, dass ihm der schwarze Anzug zu groß war. Der stammte nämlich aus der Hinterlassen-

schaft der beiden Söhne von Frau Schmitz, die aus Russland nicht wiedergekommen waren. Frau Schmitz sprach selten davon und zu Heinrich überhaupt nicht. Sie behandelte ihn rau und wortkarg. Auf der Nase trug sie einen altmodischen Zwicker mit einem schwarzen Bügel zwischen den herabhängenden Gläsern. Es machte ihr Gesicht nicht freundlicher. Wenn sie ihn abnahm, blieben zwei tiefe rote Furchen an den Augen stehn. Es sah aus, als habe sie geweint. Sie hatte ja auch Grund dazu. Aber keinen Grund hatte sie eigentlich, es dem kleinen Heinrich mit ihrem barschen Wesen so schwer zu machen.

Ihr Haus war freilich erhalten geblieben. Nur die goldene Kugel hoch oben am Giebel war inzwischen schwarz verfärbt von dem Qualm der vielen Brände, die einen Teil der kleinen Stadt in Asche gelegt hatten. Unter diesem Giebel befand sich die Stube, in der die verschollenen Söhne gewohnt hatten. Frau Schmitz hatte im Winter stets ein Feuer in dem Kachelofen brennen, obwohl niemand mehr in der Stube wohnte, und entzündete jedes Jahr am Weihnachtsabend zwei Kerzen für ihre Söhne an einem kleinen Tannenbäumchen, auch wenn keiner von ihnen mehr zu erwarten war. Heinrich aber war eine kleine Kammer nebenan zugewiesen worden, ein Abstellwinkel ohne Ofen, unter dürftig verschalten Dachsparren. Wenn er tief in der Nacht in seine Kammer gestiegen kam, hatte er es immer sehr eilig, unter die dünne Decke zu kriechen. Er tat den schwarzen

Anzug von sich und den steifen Kragen, der ihm den Hals wund scheuerte. Dann war zu sehen, dass er wirklich kein Erwachsener war, sondern ein Knäblein, zitternd vor Frost, mit dünnen Beinen und schmaler Brust. Zum Glück schlief er vor Müdigkeit immer gleich ein und hatte darum wenig Gedanken über sich selbst.

Wie nun aber der Winter sehr streng in das Land am Niederrhein kam und die kleinen Kanäle in der Ebene mit Eis überzog, da stiegen doch allerlei Gedanken in ihm auf, und die Erinnerung, wie es zu Hause gewesen war, wurde mächtig in ihm. Das Schönste war das Eislaufen auf den Altwassern der Oder mit den Spielgefährten gewesen. Meilenweit waren sie früher dahingeglitten und hatten Forscher, Schiffer oder Flieger gespielt.

Einmal, an einem freien Nachmittag, geriet Heinrich an einen Eislaufplatz vor der Stadt. Musik erschallte aus einem Lautsprecher, und sooft sie verstummte, hörte man die fröhlichen Rufe der Kinder. Damals fasste er einen Entschluss. Oben im Flur des Hauses hatte Frau Schmitz einen alten Schrank stehen, in den Heinrich zuweilen neugierig hineingesehen hatte. Darin waren allerlei Spielkram und Bücher aus der Knabenzeit der vermissten Söhne verwahrt. Innen an der Türe aber blinkte ein Paar Schlittschuhe, die gerade für Heinrichs Füße passen mochten. Es verging noch eine ganze Weile, bis er sich am Nachmittag des Heiligen Abends das Herz fasste, auf den Flur hinaufzuschleichen und sie an sich zu nehmen. Hastig machte er sich auf den Zehenspitzen aus dem Haus. Den schwarzen Anzug behielt er an, denn es wurden noch Gäste erwartet, und er wollte gleich vom Eislaufplatz an seine Arbeit zurückkehren.

Er ging dann doch nicht zu dem Eislaufplatz. Die Erinnerung zog ihn hinaus vor die Stadt, wo hinter den letzten Fabriken der schmale Kanal begann, der sich zwischen Dämmen und Stegen weit in das Land verlor. Der Kanal war mit schwarz blinkendem Eis zugefroren, über das der Wind den weißen Schneestaub jagte. Zum ersten Male seit langer Zeit war Heinrich wieder rundherum froh. Mit einem glücklichen Lächeln auf den Lippen zog er bescheidene Kehren auf dem Eis hin und her. Dann duckte er sich mit einem Male nieder und setzte zu einem wilden Eisgalopp an, in dem er schon als kleiner Kerl ein Meister gewesen war. Erst als ihm der Atem ausgehen wollte, richtete er sich wieder auf. Er war weit entfernt von seinem Ausgangsort und ganz allein; ohne Unterlass strich der Wind über das öde, weiß dämmernde Gefild. Heinrich verwandelte sich in einen kühnen Forscher, der seine Spuren durch die Wüste am Nordpol zog. Wie im Traume schwebte er mühelos und selig über die spiegelnde Bahn dahin. Erst als er die blaue Mauer eines Waldes auftauchen sah, hielt er inne und wollte sich zur Umkehr wenden. Zugleich gab das Eis unter seinen Füßen mit einem dumpfen Platzen nach.

Unterbrechen wir Paul Alverdes Geschichte an dieser Stelle für ein kurzes Intermezzo. Wovon war bisher die Rede? Wenn man von der Liebe des Kindes zum Sport absieht, kam die Liebe noch nicht vor. Wir haben zwei tragische Figuren vor uns, die das Schicksal miteinander verkettet hat. Trotzdem führt nicht bloß das Schicksal Regie. Die Tragik der Figur »Heinrich« hängt unschuldig an der Tragik der Figur »Frau Schmitz«. Die Tragik von Frau Schmitz aber ist mit ihrer Trauer um ihre zwei Söhne nicht hinreichend ausgelotet. Der Dichter Alverdes zeigt exakt auf den essenziellen Punkt. »Sie hatte eigentlich keinen Grund, es dem armen Heinrich so schwer zu machen ...« Keinen Grund? Die verletzte Seele bastelt sich ihre Pseudo-Gründe zusammen. »Warum dürfen fremde Kinder leben und meine eigenen nicht? Warum soll ich mich um einen Dahergelaufenen scheren, wenn sich keiner um meine Kinder geschert hat? Warum soll irgendjemand fröhlich sein, wenn ich es nie mehr sein werde? Warum soll ausgerechnet *ich* Mitleid haben in einer mitleidlosen Welt? Und für wen soll ich überhaupt das Gasthaus weiterführen?« Bei so viel kaltem Hauch wird sogar die Trauer kalt. Das Eis um die Brust wächst, dicker als auf den Kanälen draußen.

Jetzt wird es spannend. Wir fragen nicht mehr, wie Frau Schmitz ihre Trauer bewältigen könnte, sondern eine um Potenzen schwierigere Frage: Was sprengt den Eispanzer um ihre Brust? Man glaube mir, nichts ist so hart wie eine Legierung aus Schmerz, Wut, Unbegreifen, Bitterkeit, Rachegelüsten, Verzweiflung und tödlicher Gleichgültigkeit. Sie ist hart wie Granit. Sie klebt wie Pech. Sie demoralisiert wie Gehirnwäsche. Um daraus als Mensch wieder aufzuerstehen, bedarf es der allermächtigsten

Kraft, die es gibt. Ich kenne keine mächtigere als die Mutterliebe. Könnte Frau Schmitz sie noch einmal in sich entfachen, würde das Eis um ihre Brust auftauen und abrinnen, als wäre es nie da gewesen ...

Starr und stumm vor Entsetzen stand Heinrich bis an die Hüften in der Flut. Erst nach einer Weile gelang es ihm, sich mit aller Vorsicht rückwärts aus dem Loch herauszuarbeiten. Zum Glück war er nahe dem Ufer eingebrochen. Als er oben auf dem niederen Damme stand, merkte er, dass er nur den einen Schlittschuh mit herausgebracht hatte. Zitternd zog er den Rock aus und legte ihn ans Ufer und den Schlittschuh daneben. Dann schob er sich bäuchlings auf dem Eis an die Bruchstelle heran. Als er mit dem Arm in die Tiefe fahren wollte, gab das Eis abermals unter ihm nach, und diesmal versank er bis über den Schopf im Wasser. Er fühlte, wie die grausige Kälte über seinem Mund zusammenschlug, aber er fand mit der tastenden Hand den verlorenen Schlittschuh. Er packte ihn und schleuderte ihn mit einem wilden Schrei, halb triumphierend, halb klagend, ans Ufer. Gleich danach stand er selbst wieder auf dem Damm, zerrte ächzend vor Kälte den Rock über das triefende Hemd, klemmte die Schlittschuhe unter den Arm und setzte sich in Trab, der Stadt entgegen.

Frau Schmitz saß hinter dem Schanktisch, als er in der »Goldenen Kugel« anlangte, und las in der Zeitung, den Zwicker auf der Nase. Sie vernahm ein Geräusch; es klang wie Eisen, das auf den Boden klirrte. Dann schob sich die schmale Gestalt ihres Lehrbuben herein. Das Haar stand ihm wirr um den Kopf und er hastete eilends an ihr vorbei. »Guten Abend, Frau Schmitz«, murmelte er, kniete vor dem Schränkchen in der

Ecke nieder und begann, sich die Gedecke für die Gäste auf den Arm zu packen. Frau Schmitz sah, dass das dunkle Tuch seiner Hosen vor Eis glitzerte. Nun rollten ihm auch die Gedecke vom Arm.

»Wo warst du?«, erkundigte sie sich und erhob sich hinter dem Tresen. Heinrich wandte sich auf den Knien zu ihr herum, totenblass im Gesicht. »Ich war auf dem Kanal, etwas Schlittschuhlaufen.«

»Schlittschuh?«, sagte Frau Schmitz. »Was denn für Schlittschuh?«

»Diese von oben«, flüsterte Heinrich und zeigte auf die Decke, »aus dem Schrank. Ich hatte nämlich den einen im Wasser verloren.«

»Die Schlittschuhe von meinen Jungen hast du verloren?«, rief Frau Schmitz.

Heinrich schüttelte heftig den Kopf, schleppte sich quer durch das Lokal und brachte die Schlittschuhe herbei. »Hier«, sagte er und hob sie hoch, »nichts passiert: Ich habe ihn herausgefischt.« Dann senkte er den Kopf, schien noch etwas sagen zu wollen, brachte aber nur ein Ächzen hervor. Stumm stand er da, an allen Gliedern geschüttelt, und klapperte mit den Zähnen.

Eine Legierung aus Schmerz, Wut, Unbegreifen, Bitterkeit, Rachegelüsten, Verzweiflung und tödlicher Gleichgültigkeit ist hart wie Granit, klebt wie Pech, demoralisiert wie Gehirnwäsche, und trotzdem ...

Mit Frau Schmitz ging jetzt etwas Merkwürdiges vor. Sie starrte Heinrich durch die Gläser ihres Zwickers unverwandt an, als sähe sie ihn zum ersten Male. Sie rang ihre Hände ineinander. Dann fingen ihre Lippen an zu zucken. »Ach Gott, du Jungchen!«, brachte sie plötzlich mit einer Stimme hervor, die Heinrich nie an ihr vernommen hatte. Sie kam mit ihrer schweren Gestalt hinter dem Schanktisch hervorgeschossen. »Voran, Jungchen, ins ganz Warme müssen wir jetzt, sofort ins ganz Warme!«

Als Heinrich wieder zu sich kam, lag er in der Stube der verschollenen Söhne in einem großen weichen Bett, bis an den Hals zugedeckt. An seinen Hüften spürte er die Wärme von tönernen Krügen mit heißem Wasser. Wie alle Tage brannte ein Feuer im Kachelofen, und auf der Kommode stand eine kleine abgeschirmte Lampe. Daneben stand noch etwas, das er in dem dämmernden Licht nur allmählich erkannte. Eine kleine Tanne stand da, ein Christbäumchen offenbar, wenn es auch keinerlei Schmuck aufwies. Nur in den Zweigen an ihrer Spitze schimmerten zwei weiße Kerzen. Jetzt erinnerte er sich auch, dass ihm jemand das nasse Zeug vom Leib gezogen und etwas sehr Heißes und Süßes eingeflößt hatte.

Als er nochmals erwachte, war es Nacht. Frau Schmitz stand neben seinem Bett; er fühlte ihre Hand auf seiner Stirn. »Alles wird gut, mein Jungchen, wirst du schon sehen«, raunte sie und stopfte ihm die Decke unter die Füße. Dann begab sie sich an die Kommode hinüber, und Heinrich gewahrte, wie sie eine Kerze aus der Tasche ihrer Schürze hervorholte und zu den beiden anderen an die Spitze des Bäumchens steckte. Hernach stand sie wieder neben ihm und äugte auf ihn hernieder. Aber anscheinend konnte sie ihn nicht deutlich sehen. Sie hob die Gläser von der Nase, und wieder sah es aus, als habe sie geweint. Aber sie lächelte und nickte ihm zu. Auch Heinrichs Lippen begannen zu zucken. Dann rollte er sich auf die Seite, um bequemer einzuschlafen, noch unter ihrem Blick, als wäre sie gar keine fremde Frau.

Nun, das war sie auch nicht mehr. Sie war – eine Mutter.

Mütter gegen den Krieg

Es ist eigenartig, dass sich zwischen den Kulissen von Entbehrung, Hunger und Katastrophen die funkelndsten Edelsteine menschlicher Selbstüberwindung und Hilfsbereitschaft finden. Könnten sie nicht ebenso gut aus der Sattheit geborgen werden? Aber nein, die »fetten Jahre« nähren den Narzissmus, narren mit Selbstverwirklichungsansprüchen und gaukeln den Menschen ein Recht auf unbeeinträchtigte Lust vor, das nirgendwo verbrieft ist. Zu schade! Oft denke ich mir insgeheim bei Patienten, wie sie sich wohl in der Kriegs- und Nachkriegszeit des vorigen Jahrhunderts, die ich noch miterlebt habe, entwickelt hätten. Ich kann mich nie ganz des Verdachtes erwehren, sie hätten auf ihre »Neuröschen« und psychosomatischen »Wehwehchen« weitgehend verzichtet und mit Bescheidenheit, Fleiß und sozialem Engagement die Bedrängnisse des Alltags gemeistert.

Hoffentlich irre ich mich. Es ist mir ein unsympathischer Gedanke, dass Krisen und Schicksalsschläge nötig seien, um eine (Rück-)Besinnung auf Werte anzuregen. Noch schrecklicher ist mir die Vorstellung, dass sogar Kriege indirekt zum Aufblühen der

Humanität anregen könnten. Hätte der junge Soldat aus Anthony de Mellos Shortstory auch mitten im Frieden, etwa im teuren Sportdress vom Tennisplatz herbeieilend, dem sterbenden Mann die Hand hingestreckt? Oder hätte er mit den Achseln gezuckt und sich bei der Spitalsleitung wegen der verlorenen Zeit ärgerlich beschwert? Besser, ich weiß es nicht.

Einigen wir uns auf folgende Formel: Kriege sind entsetzliche Gräuel, die in keiner Weise die – nicht militärischen, sondern menschlichen – Heldentaten, zu denen sie stimulieren mögen, aufwiegen. Und halten wir (gegen den gegenteiligen Anschein!) die Überzeugung in uns wach, dass der homo sapiens im Prinzip mit genügend Vernunft begabt ist, um auch lockere Phasen der Entspannung und des Versorgtseins ohne gravierende ethische und psychische Degeneration zu überstehen. Es muss uns doch möglich sein, problemloses Leben sinnvoll zu nützen, oder wäre dies bereits – das Paradies?

Der Bericht »Zwischenfall im Hürtgenwald« von Fritz Vincken spielt wiederum im Krieg: am Heiligen Abend 1944, mitten in der blutigen Ardennenschlacht. Dennoch dreht sich Vinckens Bericht zentral um das hochaktuelle Thema »Frieden«. Wie ließen sich die Kriege zwischen den Völkern dauerhaft verhindern? Wie ließe sich ein Weltfriede etablieren? Alle, selbst die Spitzenpolitiker, sind ratlos? Na, ich hätte schon einen genuinen Rat auf Lager: *Ruft die Legionen der Mütter an die Fronten!* Sie würden ihre uniformierten Kinder heimholen, da bin ich ganz sicher! Sie würden ihren Söhnen und Töchtern die Gewehre und Bombenauslöseknöpfe aus den Händen winden. Vor allem: Sie würden in den feindlichen Heeren nichts anderes sehen als ebenfalls Söhne und

Töchter von Müttern, mit denen sie sich solidarisch verbunden fühlen, weil auch jene Mütter unter Schmerzen geboren und mit unaussprechlicher Liebe großgezogen haben, was auf den Schlachtfeldern sinnlos geopfert werden soll. Dadurch würden die verrückten Verteufelungen der Gegenparteien aufhören, die jeder Konflikteskalation vorauslaufen. Im Ernst, *ruft die Mütter an die Fronten!* In den verirrtesten Männlein und Weiblein, in Extremisten, Terroristen und Selbstmordattentätern, würden sie noch »Menschenkinder« zu erspähen in der Lage sein, was niemand mehr kann, außer – dem Herzen einer Mutter.

Ich höre die Skeptiker und Zyniker über derlei Illusionen spötteln. Okay, sie mögen den nachstehenden Bericht von Fritz Vincken sorgfältig lesen. Ein Ausnahmefall? Und wenn auch, könnte er nicht zum »Präzedenzfall« werden? Zu dem *einen* Fall, auf den künftige Geschlechter in zwischenmenschlich brenzligen Situationen zurückgreifen könnten, weil das wegweisende Vorbild einer Mutter vorhanden ist?

Zwischenfall im Hürtgenwald[22]

(Text gekürzt)

Als es an diesem Weihnachtsabend an der Tür klopfte, ahnten Mutter und ich nicht, was wir erleben sollten.

Ich war damals zwölf. Wir wohnten in einem kleinen Häuschen in den Ardennen, nahe der deutsch-belgischen Grenze. Vater hatte das Häuschen vor dem Krieg benützt, wenn er an Wochenenden auf die Jagd ging; und als unsere Heimatstadt Aachen immer stärker unter Luftangriffen zu leiden hatte, schickte er uns dorthin. »In den Wäldern seid ihr sicher«, hatte er zu mir gesagt.

Aber vor einer Woche hatte Generalfeldmarschall von Rundstedt mit der letzten verzweifelten deutschen Offensive dieses Krieges begonnen, und während ich jetzt zur Tür ging, tobte ringsum die Ardennenschlacht.

Mutter blies rasch die Kerzen aus, ging vor mir zur Tür und stieß sie auf. Draußen standen, vor dem gespenstischen Hintergrund der verschneiten Bäume, zwei Männer mit Stahlhelmen. Der eine redete Mutter in einer Sprache an, die wir nicht verstanden, und zeigte dabei auf einen dritten, der im Schnee lag. Sie begriff schneller als ich, dass es sich um Amerikaner handelte. Feinde!

Mutter stand, die Hand auf meiner Schulter, schweigend da. Die Männer waren bewaffnet und hätten sich den Eintritt erzwingen können, aber sie rührten sich nicht und baten nur mit den Augen. Der Verwundete schien mehr tot als lebendig. »Kommt rein«, sagte Mutter schließlich. Die Soldaten trugen ihren Kameraden ins Haus und legten ihn auf mein Bett.

Keiner von ihnen sprach deutsch. Mutter versuchte es mit Französisch und konnte sich mit einem der Männer einigermaßen verständigen. Bevor sie sich des Verwundeten annahm, sagte sie zu mir: »Die Finger der beiden sind ganz steif. Zieh ihnen die Jacken und die Stiefel aus und bring einen Eimer Schnee herein.« Kurz darauf rieb ich ihnen die blaugefrorenen Füße mit Schnee ab.

Der Dunkelhaarige war Jim. Sein Freund hieß Robin. Harry, der Verwundete, schlief jetzt, mit dem Gesicht so weiß wie draußen der Schnee. Sie hatten ihre Einheit verloren und irrten seit drei Tagen im Wald umher, auf der Suche nach den Ameri-

kanern, auf der Hut vor den Deutschen. Ohne ihre schweren Mäntel sahen sie aus wie große Jungen, und so behandelte Mutter sie auch.

»Geh, hol Hermann«, sagte Mutter zu mir, »und bring Kartoffeln mit.« Hermann war ein fetter Hahn, der gemästet worden war in der Hoffnung, Vater werde zu Neujahr heimkommen. Nun sollte das Tier gleich eine dringende Aufgabe erfüllen. Während Jim und ich in der Küche halfen, kümmerte sich Robin um Harry, der einen Schuss in den Oberschenkel abbekommen hatte. Mutter riss ein Laken in Streifen zum Verbinden der Wunde.

Bald zog der verlockende Duft von gebratenem Hahn durch das Zimmer. Ich deckte gerade den Tisch, als es wieder klopfte. In der Annahme, noch mehr verirrte Amerikaner zu sehen, öffnete ich ohne Zögern. Draußen standen vier Männer in Uniformen, die mir nach fünf Jahren Krieg wohlvertraut waren: deutsche Soldaten – unsere!

Ich war vor Schreck wie gelähmt. Trotz meiner Jugend kannte ich das Gesetz: Wer feindliche Soldaten beherbergt, begeht Landesverrat. Wir konnten alle erschossen werden! Mutter hatte auch Angst. Ihr Gesicht war blass, aber sie trat hinaus und sagte ruhig: »Fröhliche Weihnachten!«

Da wir einen »Präzedenzfall« betrachten wollen, halten wir an dieser Stelle einen Moment inne. Die brenzlige Situation besteht nicht nur in der Verratsproblematik. Sogleich werden sich die Feinde vis á vis gegenüberstehen. Mehr ist in Gefahr als Mutter und Kind. Der Hass der Nationen aufeinander droht, die Weihnachtsbotschaft zu kippen. Die Unmenschlichkeit droht, Siegerin auf allen Linien zu werden. Neun Personen drohen, in ihr unterzugehen. Sieben davon haben bereits »ihre Einheit« (die Einheit der Welt?) verloren. Was kann sie retten?

Die Antwort ist schlicht: standhaft tätige Liebe in einer ihrer genialsten Variationen, der Mutterliebe.

»Wir haben unsere Einheit verloren und möchten gern bis Tagesanbruch warten«, erklärte der Anführer, ein Unteroffizier. »Können wir bei Ihnen bleiben?«

»Natürlich«, erwiderte Mutter gefasst. »Sie können auch eine gute, warme Mahlzeit haben und essen, solange etwas da ist.« Die Soldaten lächelten, vergnügt den Duft schnuppernd, der ihnen durch die halb offene Tür entgegenschlug. »Aber«, fuhr Mutter energisch fort, »wir haben noch drei Gäste hier, die Sie vielleicht nicht als Freunde ansehen werden.« Ihre Stimme wurde mit einem Mal streng. »Heute ist Heiliger Abend, und hier wird nicht geschossen.«

»Wer ist drin?«, fragte der Unteroffizier alarmiert. »Amerikaner?«

Mutter sah jedem Einzelnen in das fröstelnde Gesicht. »Hört mal«, sagte sie langsam. »Ihr könntet meine Söhne sein, und die da drinnen auch. Einer von ihnen ist verwundet und ringt um sein Leben. Seine beiden Kameraden sind verirrt, hungrig und müde wie Ihr. In dieser Nacht«, hob sie ihre Stimme, »denken wir nicht ans Töten!«

Der Unteroffizier starrte sie an. Für zwei, drei endlose Sekunden herrschte Schweigen. Dann machte Mutter der Ungewissheit ein Ende. »Genug geredet!«, sagte sie und klatschte in die Hände. »Legen Sie Ihre Waffen da auf das Holz – und kommen Sie, sonst essen die anderen alles auf.«

> Die vier Soldaten legten wie benommen ihre Waffen auf die Kiste mit Feuerholz. Mutter sprach indessen hastig mit Jim auf Französisch, und ich sah verwundert, wie auch die Amerikaner Mutter ihre Waffen gaben. Als nun die Deutschen und die Amerikaner Schulter an Schulter verlegen in der kleinen Stube standen, war Mutter in ihrem Element. Lächelnd suchte sie für jeden einen Sitzplatz, zwei der später Gekommenen setzte sie mangels Stühlen auf ihr Bett. Dann machte sie sich, ohne von der gespannten Atmosphäre Notiz zu nehmen, wieder ans Kochen. Aber Hermann wurde ja nun nicht größer, und wir hatten vier Esser mehr. »Rasch«, flüsterte sie mir zu, »hole noch ein paar Kartoffeln und Haferflocken. Die Jungen haben Hunger, und wenn einem der Magen knurrt, ist man reizbar.«
>
> Während ich die Vorratskammer plünderte, hörte ich Harry stöhnen. Als ich zurückkam, hatte einer der Deutschen eine Brille aufgesetzt und beugte sich über die Wunde des Amerikaners. Auf Mutters Nachfrage erwiderte er, er habe bis vor wenigen Monaten in Heidelberg Medizin studiert. Dann erklärte er dem Amerikaner in recht fließendem Englisch, die Wunde sei dank der Kälte nicht infiziert. Harry habe nur sehr viel Blut verloren und brauche Schonung.

Auch diese Stelle ist es wert, innezuhalten. Es gibt eine Spirale des Hasses. »Wer Hass sät, wird Hass ernten«, heißt es im Volksmund. Aber es gibt auch eine Spirale der Liebe, und auf diese sollten wir ungeniert vertrauen. Wer Liebe sät, bringt so reiche Ernte zum Sprießen, dass alle um ihn herum miternten dürfen.

In Vinckens Bericht beginnt das Sprießen der mütterlichen Liebesernte mit dem Deutschen, der sich über die Wunde des

Amerikaners beugt. Eine Verbeugung vor dem Feind ... und Wunden heilen.

Wie die Soldaten so nebeneinander saßen, kamen sie mir sehr jung vor. Heinz und Willi, beide aus Köln, waren sechzehn. Der Unteroffizier war dreiundzwanzig. Er brachte eine Flasche Wein zum Vorschein, und Heinz fand einen Laib Schwarzbrot, den Mutter in Scheiben schnitt. Vom Wein stellte sie Reste beiseite, »für den Verwundeten«. Dann sprach sie das Tischgebet, und die Augen der kriegsmüden Soldaten wurden feucht. Sie waren wieder Buben, die einen aus Amerika, die anderen aus Deutschland, alle fern von zu Hause.

Unser privater Waffenstillstand hielt auch am nächsten Morgen an. Bei Tagesanbruch war Harry sichtlich kräftiger. Mutter quirlte ihm aus unserem einzigen Ei, dem Rest Rotwein und etwas Zucker einen stärkenden Trank. Wir anderen aßen Haferflocken. Dann wurde aus zwei Stöcken und Mutters bestem Tischtuch eine Tragbahre für Harry gemacht.

Der Unteroffizier zeigte den Amerikanern, wie sie zu ihrer Truppe zurückfinden konnten. Er legte den Finger auf einen Bach auf der Landkarte. »Da geht ihr entlang«, sagte er. »Am Oberlauf trefft Ihr auf eure Armee, die sich dort neu formiert.« Der Mediziner übersetzte ins Englische. »Wieso nicht nach Monschau?«, fragte Jim. »Um Himmels Willen, nein!«, rief der Unteroffizier. »Monschau haben wir wieder eingenommen.«

Mutter gab nun allen ihre Waffen zurück. »Seid vorsichtig, Jungens«, sagte sie. »Ich wünsche mir, dass Ihr eines Tages dahin zurückkehrt, wo Ihr hingehört, nach Hause. Gott beschütze euch alle!« Die Deutschen und die Amerikaner gaben einander die Hand, und wir sahen ihnen nach, bis sie in entgegengesetzter Richtung verschwunden waren.

Ein Zwischenfall, ein Ausnahmefall, ein Präzedenzfall ... und wenn es bei dir und bei mir der *Normalfall* wäre, dass Menschen einander ohne Angst begegnen dürfen, dass sie willkommen sind, unabhängig davon, ob sie gesund oder krank, fremd oder bekannt, jung oder alt, Inländer oder Ausländer sind, was wäre dann?

Ja, dann hätte Fortschritt stattgefunden. Nicht der der technischen Geräte, der uns zurzeit überrollt, sondern ein echter Fortschritt des (Geist-)Wesens Mensch.

Noch ist die Chance dafür nicht ausgeschöpft, aber vorhanden. Sämtliche »Liebesgeschichten« des Lebens und der Literatur mögen dich und mich dazu inspirieren, sie zu ergreifen und nach besten Kräften zu realisieren.

Anhang

Anschrift der Autorin:

Iglseegasse 13
A-2380 Perchtoldsdorf
ÖSTERREICH

Weitere Bücher der Autorin:

1. »Heilungsgeschichten. Wie Logotherapie Menschen hilft«, Herder, Freiburg, 2 Auflagen 1998–2002
2. »Rendezvous mit dem Leben. Ermutigungen für die Zukunft«, Kösel, München, 2 Auflagen 2000–2001. Abgedruckt im Blindenschrift-Verlag »Pauline von Mallinckrodt«, Andreasstraße 20, 33098 Paderborn.
3. Dazugehörige CD: »Ermutigungen für die Zukunft« mit Musik von Michael Habecker, Kösel, München, 2001
4. »Worte können heilen. Meditative Gedanken aus der Logotherapie«, Quell, Stuttgart, 1998, übernommen vom Gütersloher Verlagshaus, Gütersloh.
5. »Sehnsucht nach Sinn. Logotherapeutische Antworten auf existenzielle Fragen«, Profil, München, 2 Auflagen 1997–1999

6. »Alles fügt sich und erfüllt sich. Die Sinnfrage im Alter«, Edition Johannes Kuhn, Quell, Stuttgart, 3 Auflagen 1994–1997, übernommen vom Gütersloher Verlagshaus, Gütersloh, 2 Auflagen 2000–2001. Das Buch wurde auf 3 Kassetten gesprochen; auszuleihen bei der »Deutschen Blinden-Hörbücherei (in der Deutschen Blindenstudienanstalt e. V.), Postfach 1160, 35001 Marburg/Am Schlag 2 a, 35037 Marburg.
7. »Psychotherapie in Würde. Logotherapeutische Lebenshilfe nach Viktor E. Frankl«, Quintessenz, München, 1994. 1996 von Psychologie Verlags Union, Weinheim/Bergstr. übernommen.
8. »Auf den Spuren des Logos. Briefwechsel mit Viktor E. Frankl« (gemeinsam mit Joseph Fabry), Quintessenz, München, 1995. Vergriffen, aber über die Autorin erhältlich.
9. »Wie Leben gelingen kann. 30 (31) Geschichten mit logotherapeutischer Heilkraft«, Quell, Stuttgart, 3 Auflagen 1996–1998, übernommen vom Gütersloher Verlagshaus, Gütersloh, Neuauflage 2000. Das Buch wurde für Blindenbüchereien auf Kassetten gesprochen; auszuleihen bei: Dr. Hans-Eugen Schulze, Albert-Braun-Straße 10 b, 76189 Karlsruhe.
10. »Weisheit als Medizin. Viktor E. Frankls Beitrag zur Psychotherapie«, Quell, Stuttgart, 1997, übernommen vom Gütersloher Verlagshaus, Gütersloh, Neuauflage 2001
11. »Spirituelle Psychologie. Quellen sinnvollen Lebens«, Kösel, München, 3 Auflagen 1998–2001
12. »Lehrbuch der Logotherapie. Menschenbild und Methoden«, Profil, München, 2 Auflagen 1998–2002

13. »Wertfülle und Lebensfreude. Logotherapie bei Depressionen und Sinnkrisen«, Profil, München, 1998
14. »In der Trauer lebt die Liebe weiter«, Kösel, München, 2 Auflagen 1999–2000. Das Buch wurde von der Blindenbibliothek der Schweizerischen Caritasaktion der Blinden (CAB) auf Kassetten gesprochen; auszuleihen bei: CAB, Hinterdorfstraße 29, CH-8597 Landschlacht.
15. »Lebensstil und Wohlbefinden. Logotherapie bei psychosomatischen Störungen«, Profil, München, 1999. Abgedruckt im Blindenschrift-Verlag »Pauline von Mallinckrodt«, Andreasstraße 20, 33098 Paderborn.
15. »Konzentration und Stille. Logotherapie bei Tinnitus und chronischen Krankheiten. Nachwort von Helmut Schaaf«, Profil, München, 2 Auflagen 2000–2001
16. »Auf den Stufen des Lebens. Meine bewegendsten Fallbeispiele aus der Seelenheilkunde nach Viktor E. Frankl«, Gütersloher Verlagshaus, Gütersloh, 2001
17. »Familienglück«. Verstehen – annehmen – lieben. Kösel, München, 2001
18. »Verlust und Gewinn. Logotherapie bei Beziehungskrisen und Abschiedsschmerz«, Profil, München, 2001
19. »Vom Sinn des Augenblicks. Facetten erfüllten Lebens«, Kösel, München, 2002
20. »Freiheit und Identität. Logotherapie bei Suchtproblemen«, Profil, München, 2002

Anmerkungen

1 Viktor E. Frankl, »Ärztliche Seelsorge«, Deuticke, Wien, 10. Aufl. 1982, S. 134
2 Entnommen aus: Elisabeth Lukas, Psychologische Vorsorge, Herder, Freiburg, 1989, S. 135-137, vergriffen
3 Viktor E. Frankl, »...trotzdem Ja zum Leben sagen«, dtv, München, 18. Aufl. 1999, S. 66/67
4 Aus: Oscar Wilde, »Die Erzählungen und Märchen«. Übersetzt von Franz Blei, Insel TB 5, Frankfurt/Main, 1972, Seite 123. Rechte: Erbengemeinschaft Franz Blei
5 Aus: »Grimms Märchen«, Gesamtausgabe, Nebel, 2000
6 Leo Lionni, »Frederick«, © Middelhauve Verlag, München
7 Aus: Iwan S. Turgenjew, »Erzählungen«, 1857-1883, © 1998 Patmos Verlag GmbH & Co. KG/Artemis & Winkler Verlag, Düsseldorf/Zürich
8 Gekürzt nach Inge Wuthe in: »Alle Farben dieser Welt«, Lucy Körner, Fellbach, 1995
9 Christian Signol, »Marie des Brebis«, Pocket 3540, DNL, Paris 1999
10 Dietmar H. Melzer, Regenwaldmärchen, idime Verlag 2000
11 Aus: Dan Millman, »No ordinary Moments«, H. J. Kramer, 1992
12 Aus: Roland Kübler, »Die Mondsteinmärchen«, Verlag Stendel, Waiblingen 1998
13 Nachzulesen in: Viktor E. Frankl, »Theorie und Therapie der Neurosen«, UTB 457, Reinhardt, München, 7. Aufl. 1993, S. 154 ff.

14 Aus: Elli Michler, Dir zugedacht, Wunschgedichte. © Don Bosco Verlag, München,18. Auflage 2002
15 Aus: Penelope Wisner/Dan Clark, »Summer Cocktails Deck«, Chronicle Books, 2001
16 Aus: Anthony de Mello, Wie ein Fisch im Wasser. © Verlag Herder, Freiburg, 8. Auflage 2002
17 Elizabeth F. Loftus, »Falsche Erinnerungen« in: »Spektrum der Wissenschaft, Digest (Scientific American, deutsche Ausgabe), Heidelberg 2/2001, S. 62-67
18 Deutsche Fassung: Wendy Maltz, »Ein sexuelles Trauma überwinden«, Rowohlt TB, Reinbek bei Hamburg, 1990
19 Entnommen aus: Elisabeth Lukas, Psychologische Vorsorge, Herder, Freiburg, 1989, S. 257/258, vergriffen
20 Unveröffentlichtes Gedicht von Brigitte Eisenmenger, Ludwigsburg, 1978, Abdruck mit freundlicher Genehmigung der Autorin
21 Aus: Paul Alverdes, »Das Hausbuch der Schelmenstreiche«, Ehrenwirth, München, 1990
22 Aus: Gerda Zottmaier (Hrsg.), »Es geschah in Heiliger Nacht«, Brockhaus, 1988